不懂年轻人
你怎么
带团队

戴愫 著

北京联合出版公司
Beijing United Publishing Co.,Ltd.

给他身份 CHAPTER 1
提升自我内驱力

给他权力 CHAPTER 2
优化行为塑造力

目录
CONTENTS

给他舞台 CHAPTER 3
激发头脑创造力

给他支持 CHAPTER 4
巩固团队凝聚力

"拼刺刀"的时候，不分年龄

脱不花

　　2014 年我和罗振宇、快刀青衣一起创业的时候，我们吹了个牛：哎呀，我们要做一家小而美的公司，人员就控制在三十个人以内，开年会的话，一个饭店大包间就能坐下，平时都不用开会，在办公室里喊一嗓子就统一了思想，大家都是朋友，多好。

　　事实是：立 flag（定一个目标），必打脸。得到公司的员工数目眼瞅着就增长到 500 了。

　　朋友问我：现在你每天上班，是啥感受？我就三个字："拼刺刀"。每天都在迎接新的挑战，而且必须成功，失败了就没有机会进行下一次挑战了。

　　也常有人问：在得到这么时髦的公司里，员工一定都很年轻吧？还真不是。我们的员工平均年龄是 29 岁，这个年龄肯定比好多互联网公司的员工都要大一些。我们之中既有 1998 年出生的年轻的技术天才，也有 1968 年出生的资深的总编室编审，这两人差着 30 岁呢，是名副其实的两代人。不过，在日常工作中，我还真是从来没意识到这个年龄差的存在。

因为，"拼刺刀"的时候，指挥员肯定只关心刺刀见红没有、101 高地拿下了没有，哪会在乎战士的年龄呢？他难道会对战士说"你太年轻了，所以不准你冲锋"吗？

为了打仗，挑选战士的时候必然是"地无分南北，人无论老幼"啊！

可是，为啥到了职场上，就会有那么多管理者随随便便地贴标签，说出"这届年轻人太难带了"这种话呢？

戴愫老师的这本书，出版得可真是——太晚了。关于"90 后"难带、"00 后"必定不好管等"伪命题"的讨论，居然已经持续了这么多年，这太荒诞了。我认为，作为一位对职场问题研究如此深入的专家，戴愫老师"难辞其咎"。

戴愫老师是在得到 App 上非常受欢迎的老师，她的课程有一个突出的特点就是不废话，直接给出解决办法。听完她的课，每个人都可以直接上手实践，改善自己的管理方式。我有幸提前读了她的这本书，非常欣喜地看到，戴老师把她"认认真真解决问题、实实在在传递方法"的风格充分地体现在了这本书里，这不仅是一本管理类图书，更是一张结合了心理学、组织行为学和管理学的管理者作战地图。手握这本书，管理者可以深度理解时下所面对的管理挑战，脚踏实地地解决自己带队伍的难题。

对于管理工作而言，我们的研究对象只有一个，那就是人性，从这个层面上来说，一代人和另一代人，没什么差别。但是，每一代人，都有属于自己的时代机遇和历史使命，从这个层面上来说，一代人和另一代人，是不一样的，而且，是一代更比一代强的那种"不一样"。

诚挚地推荐每一位管理者都来读戴愫老师的这本书，"与年轻人混，乐趣无穷"。

前言
PREFACE

什么"90 后",扯淡！又开始虚张声势地贴标签了，烦不烦？

再说了，Youth is not a time of life，but a state of mind. 年轻不取决于年龄，而取决于心智。站在你面前的两个"90 后"年轻人，可能天差地远，不能因为他们出生在同一个十年，就被愚蠢地认定具有同样的特性。

我是"80 后"，在历史上的某个时期，对"80 后小皇帝"的批判铺天盖地，我愤愤不平。小皇帝？我妈是小学语文老师，我的家教那可是极其严格。

如果我们把单个的人作为研究对象，这事儿很难，因为个体之间差异太大。比如，和我共事的"70 后"大姐，比我更喜欢冒险，而我比她更有责任心；和我接触的某个"90 后"年轻人，在认知水平和心智上完全超出了我的预期，真正是英雄出少年。所以，我们不研究个体差异，个体差异是随机的、偶发的。

但是当我们把"90 后"作为一个群体来研究，很快

1

就会发现他们的某些行为模式有高度重合性，并且表现出和"70后""80后"截然不同的文化性格。如果某种行为模式在某个群体中高频率地出现，那么这种行为模式是可以研究的，同时也是我们需要知道的。

不管我们有没有准备好，"90后"已成为职场主力。从今年开始，他们步入30岁，我们真的了解这个群体吗？

"90后"眼中的世界和"70后""80后"眼中的世界肯定不一样。日新月异的科技、飞速发展的经济、回归个人权利的家庭养育方式、好莱坞英雄主义文化，这四大要素在持续塑造着"90后"观察这个世界的视角。

从1990年至今，美国的人均GDP增长150%左右，而中国呢，2600%多。这种变化用"翻天覆地"形容也不夸张。从没电话，到人手一部智能手机；从尘土飞扬的窄路，到宽阔的立交桥；从吭哧吭哧的绿皮火车，到领先世界的子弹头高铁。中国年轻人每五年就自我划分出一代人。"90后""95后""00后"，他们的话语体系都不一样。中国的一个代际差异，相当于西方三个代际差异了。用戴三才[1]（Zak Dychtwald）的话来说："全世界都存在代沟，由于社会的快速变迁，中国人在文化方面的代沟比较大。"

---

1 戴三才：哥伦比亚大学毕业，是《年轻的中国：不安分的一代将如何改变中国和世界》一书的作者。

"90 后"是最难被定义的一代，因为他们是最多元化的一代。为"90 后"人群做集体画像我一直很犹豫，社会上缺乏反映年轻人状态的文学作品或影视作品。马伯庸说："中国年轻人变化太快，中国基本上两年一变。"速度快到没办法孕育出一个反映时代风貌的作品。

虽然为"90 后"人群集体画像很难，但是可以归纳出新生代（"90 后"圈层）四大坚固的意识形态堡垒：

1. 不主动。

他们在电子时代中成长，电子产品自带与人互动的功能，于是这一代人期待所有事物自带互动功能，"这个东西不和我互动，它就坏掉了"。

中国从"80 后"开始实行独生子女政策，"90 后"的家庭从传统的大家族彻底变成现代的小家庭，他们不需要和兄弟姐妹谈判——谁可以分得那块更大的巧克力。在职场上，当他们和同事有分歧时，他们不善于沟通，不想争辩，不在乎会不会被人理解。他们是不主动的一代，于是"显得"颓，"显得"丧。

2. 不满足。

在职场上，他们同情地看着叔叔阿姨："你们只知道辛苦地爬职业阶梯。"

在学校里，他们看着老师："名牌大学毕业又能怎样，你不也只是个教书匠吗？"

在家里，他们对着退休后还在闹离婚的父母："你们的人生啊，就是一出悲剧。"

他们被称作 want generation。Want：既指欲望，也指匮乏。Generation：一代。他们是中国现代史上第一代可以真正权衡"我要什么"的人，而且他们想要的东西很多。

信息时代赋予他们"知晓一切"的本领，互联网还赋予他们"执行梦想"的技能。比如，想学插花，或想去潜水，心中的念头分分钟就可以实现。发达的网络和大量的信息，让他们"无所不能"。草根逆袭的故事满天飞，不可思议的带货网红的成功，让他们心潮澎湃。

在这个日益扁平化的世界里，中国年轻人能够在信息量上和世界任何一个地方的年轻人趋于同步，而中国年轻人的气魄比他们高出好几个级别。他们的口号不是改变世界，但他们可能在这个过程中，不知不觉就把世界改变了。

3. 不服从。

作为在鼓励"挑战权威"的文化中长大的一代，他们亲眼看到问题没有唯一正确的解法。之前被认为是正确的东西被不断推翻、重建。没有人是绝对的权威，他们从小自己做决定，他们的答案来自互联网。

4. 不将就。

从富足的生活条件中成长起来的他们，透着自信和从容，实在让我艳羡。他们对生活、对工作都不将就。

他们寻求层次更为丰富的体验。正如《圈层效应》[1]中指出的：他们去饭馆，希望能在小红书、大众点评上看见这家网红店。在吃饭的时候，要有高档的拍照环境和惊艳的菜品，这样方便"打卡"、晒朋友圈。

在职场上，他们不仅要获得工作的体验，还要获得游戏的体验和交友的体验。很重要的一点是你能不能给他提供超出工作本身的获得感。

不主动 + 不满足 + 不服从 + 不将就 = 潜力无穷！

有意思的是，人们都在研究"90后"，但是很少有人研究"60后""70后"，唉，"老年人"都是被忽视的一代，不过也无可厚非，年轻人代表着未来嘛。年轻人总是头也不回地奔往未来。当爷爷奶奶都开始玩微信时，他们切换到QQ；当叔叔阿姨已经看不懂他们的

---

1 《圈层效应》，作者托马斯·科洛波洛斯，哈佛大学客座教授，研究"95后"的消费方式；丹·克尔德森，美国信息架构公司总裁。

网络语言时，他们发明更多的自己的语言，非常自豪地加固这道墙；当我们在追逐和研究他们时，他们已经头也不回地跳到了代沟的另一边，不带着我们一起玩。

当无法一切照旧时，就不得不做出改变了。当工作高绩效的"80后"匆匆走上管理岗位时，他们发现：旧的管理方式和进入职场的新鲜人群之间存在巨大的矛盾。

如果这个矛盾解决不了，这些生动的、有力量的年轻人的所有潜力都将被白白埋没。在这个集易变性、不确定性、复杂性和模糊性于一体的时代，让一家企业敢不顾一切向前冲的动力和保障，都来自"人"。我接触的国际化的企业，如OPPO、VIVO、滴滴、中国东方航空集团有限公司、中国广核集团有限公司等，到了海外，最迫切组建的也是人才队伍。

到了非改不可的时候了。今天的管理模式从金字塔型走向平台型，从科层制走向扁平化，从以流程为核心走向以任务为核心。

在这个改变的过程中，我们会遇到一些疑惑：

自由指的是什么？到底给多少自由？除了弹性时间、穿破洞牛仔裤上班、开放的办公空间、免费饮料，我们还可以给哪些自由？

管理者是不是应该降低身段，变身为协调者、后勤服务者、信息同步者？

游戏化管理是否过度迎合年轻人？

如何让青年尽快适应职场？如何应对他们想要的工作状态和实际的工作状态之间的巨大反差？

年轻员工的自信到底来自管理者的正面激励，还是来自真正的优秀？

…………

在撰写这本书的时候，我访谈了超过 100 位来自不同类型企业的管理者。不管是和"90 后"，还是和"70后""80 后"聊天，我的访谈核心都是收集有效的管理方法。管理学的内核就是用工具来解决现实问题。所以，本书的每一章解决一类大问题，每一节解决一个具体的问题，同时向大家介绍使用某种工具时要避开的陷阱。

建立新的管理界面并非一蹴而就。这本书中介绍的工具的使用效果取决于具体使用它的那位管理者的素养，或者那时那刻的环境。无法一招吃遍天下。同时，做好准备淘汰过去那些已经不起作用的老方法。根据约瑟夫·熊彼特（Joseph Schumpeter）的创造性破坏理论，使用这些管理方法时，会对旧体系造成一定程度的破坏。

我们不求颠覆式的改变，所有的改变都是从一个工具、一小步开始。

就拿"关键对话"这个技能来说，很多管理者达不到要求。我问过很多年轻人："你和领导之间让你印象深刻的谈话发生在什么时候？"他们思考了很久，却没有答案。按照科里·帕特森（Kerry Patterson）的建议，当我们遇到对话双方意见不一、情绪强烈，又事关重大的情况时，必须开启"关键对话"的沟通技巧。但实际工作中，很多领导要么自己沉默，要么让对方陷入沉默。一个好的领导，一定是一个优秀的沟通者，其他的都不用说了。

工具归工具，方法归方法。据北京大学光华管理学院教授黄铁鹰的观察，企业管理者大多数都不是学管理的，比如杰克·韦尔奇（Jack Welch）、比尔·盖茨（Bill Gates）、稻盛和夫（INAMORI KAZUO）、王石、马云、任正非。管理者不同于医生、工程师、会计师，在那些领域不受专业教育不能上岗。管理不是科学，因为管理无法重复验证，在这家企业行之有效的方法，在这个团队起作用的模式，换到另一个企业或团队，不一定起作用。哪怕是同一个管理者，曾经帮助他成功的方法，也无法直接复制到未来。

怎么办呢？在不确定的时代里，"人性"是确定的，让我们用"人性化管理"的确定性，去应对一切的不确定。我们对"90后"充满信心，我们相信一代更比一代强！

给他

CHAPTER I

年轻人不愿意"996"，他不全力以赴，也不主动离职；他对一份工作感到厌倦的周期越来越短；他排斥重复性的、支持性的工作；他感觉自己被角色化、工具化。"我是谁？"这是每个人初入职场时的自问。他可不要做庞大机器中的齿轮，他要做一个全职自我雇用者。他不想被"拥有"，而愿意被"使用"。他不对组织忠诚，却对行业忠诚。带着年轻人来一次自我发现之旅吧。唯有改变他的身份，才会产生真正的动力。

身份

提升自我内驱力

第 1 节

让他"做组织承诺"out 了，
我们该"彼此做职业承诺"

> 新的契约模式，是在预见到雇佣关系变幻无常的基础上，
> 寻求建立信任、投资关系的方法，但与此前牢固的忠诚纽
> 带不同的是，此时双方都在寻求"联盟"中的共同利益。
>
> ——雷德·霍夫曼〔Reid Hoffman〕 **领英〔LinkedIn〕联合创始人**

一位"80 后"企业高管感慨："现在领导越来越难当。过去我们进入公司，那是一腔热忱。现在的年轻人，都是走一步看一步。"

一位"90 后"刚从面试办公室出来，就决定放弃这家公司："他们在反复地发出信号——你准备好为我'996'了吗？太可怕了。"

一位刚离职的"90 后"抱怨："我感觉自己像个奴仆，随时为领导效力。"

你可能已经发现，整个社会在从严格的科层制度向流动的去中心化发展，不仅终身雇佣制的企业几近消失，员工和同一家公司绑在一起的时间也越来越短。加入公司的誓词不是婚礼誓词。哪怕是工作了十年的老员工，也不要高估他的组织忠诚度。在一家公司里度过一个人的整个职业生涯，这已经成为童话。

企业也越来越趋向灵活用工。人才没有办法像池水一样被储存，企业开始构建人才河流，利用人才流动的根本动机，影响人才流动的方向。我们已经进入自由职业经济、零工经济时代。

◎ "拥有"已经逐渐消退，"使用"正在兴起

凯文·凯利在《必然》这本书里记录了一些很有意思的现象：优步作为打造了知名打车软件的科技公司，却不拥有任何出租车辆；阿里巴巴作为很有价值的零售公司，却没有任何库存；爱彼迎作为知名的短租住宿供应商，却并不拥有任何房产。为了写这本书，我需要查阅大量的书籍资料，在得到、kindle、掌阅上，我不需要购买大量书籍，我只需要用会员资格来借阅。

终身雇佣制的企业几近消失，还在努力建立"家"文化的企业异常艰难。公司对人力资源的占有不再像以前那样重要，而对人才的使用则比以往更加重要。

你使用他，他也使用你，这样才能保持健康的、灵活的双向选择。

◉ 在联盟关系中互相"使用"

年轻人从学校毕业，被"连根拔起"，他和新环境建立关系时，需要明晰的身份感来指引航向。你把招致麾下的年轻人当成"雇员""下属"？不，他不是工具或资源，他要的身份是"盟友"。你和他是自愿、互惠的"盟友"。你们彼此成就自己的职业发展，你们都持续进化。

这是一种有时间期限的联盟，公司和他签订合同有期限。华为承诺：只要是在承诺期内，哪怕降薪也尽量不裁员。《华为基本法》第70条这样写："公司在经济不景气时期，以及事业成长暂时受挫阶段，或根据事业发展需要，启用自动降薪制度，避免过度裁员与人才流失，确保公司渡过难关。"这是盟友关系在华为的制度中的体现。

同时，这也是一种没有时间期限的联盟，你们是这个行业里永远的盟友。

于是，措辞变了，迪士尼称自己的员工为"演员（cast member）"，腾讯将自己的员工叫作"内部客户"，星巴克（Starbucks）认为"没有员工，只有合伙人"，海尔内部把"企业付薪"叫作"用户付薪"。

情感变了。麦当劳有一个全国招聘日，就是 5 月 20 日。

做事情的方式变了，家长制的远古遗风慢慢绝迹，比如差遣下属去打盒饭、买咖啡等。得到公司的首席执行官脱不花，看见下属给罗振宇倒茶，很不高兴地制止："你有更重要的事，罗振宇自己有手。"有公司开始逆向评估，了解员工对主管的评价，并纳入主管的奖金体系。

更重要的改变在于他解决问题的思路，规划未来的视野。盟友的身份让他成为一个负责任的成年人，一个工作自主、自我提升和自我激励的成年人。

中通的董事长赖梅松提出"中通不是一个人的中通，是所有人的中通"。员工以合作伙伴的身份加入，赖梅松帮助员工从就业走向创业，同建共享的理念。30 万人的企业，辛苦低端的行业，员工照样干得热火朝天。在 2018 年第三季度，中通的市场包裹量最大，中通也是第一家在纽交所上市的中国快递公司。

有了身份，就有了尊严，有了归宿。这是腾飞的跳板。

◉ 在"使用"中为彼此增值

在新的联盟关系中，你们不求无条件的忠诚，但求彼此为对方增值，让彼此持续地高度匹配。这样，哪怕有一天他主动离职或被迫离职，也只是因为不匹配了，不是失败，不需要有负疚感或罪恶感。

在和他共事过程中，你要持续地和他沟通这三个问题：

第一个问题：你这段时间收获了什么？

贝恩公司的前任首席执行官汤姆·蒂尔尼（Tom Tierney）说："我们将会令你在人才市场上更抢手。"甚至有管理者在年终的时候，对优秀员工说："你从我们团队出去的话，在就业市场上的议价能力明显提高了。恭喜你，我要给你加薪，加到市场上的最高水平。"

在你提供的不断提升的进阶之路上，他和优秀的人共事，不断调整自己的职业发展计划，为自己的职业生涯负责。就像宝洁内部流行的那句话："没有人比你自己更关心你的职业发展。"

第二个问题：你发现什么机遇了？

通过这个问题，你在鼓励他向上管理，引导他从"听话的执行角色"，转变为"聪明的自主人才"。

与此同时，你也不是控制信息的独裁者，而是分享信息、促成合作的协调者。

比如，他知道企业的战略吗？企业的战略就是公司的行事逻辑。有的企业战略一直在变，有的企业靠大家悟，从公司"做什么，不做什么"中去悟，有的企业把它写在墙上，有的企业把它写在年报里。你应当将战略挂在嘴边，让它成为你做决定的风向标，让大家都知道。

当公司的战略是追求规模化优势，人力资源部专员的视野就不仅限于"将人才招聘区域定制化"，而是"将全国招聘流程标准化"。

当公司的战略是建立品牌形象，市场部专员就不会建议"降低产品价格，加大促销"，而会建议"提高产品价格，把与竞品的差异扩大到客户可体验的范围"。

当公司的战略是迅速用新品占领市场，研发部门专员就不会再花大精力"扩大研发团队、加强培训"，而会考虑"将应用研发外包"。

第三个问题：我怎样帮你更成功？

从"别人给"，到"自己要"。

有管理者对每一位新入职的员工都会说这段话："在这段职业生涯中，你的任务是发现自己的长处和弱点。告诉我怎样可以最好地发挥你的长处，怎样可以提供资源帮你弥补弱点。这是一次理想结合现实的尝试。"

具体来说，你可以提供的是：从小到大的挑战、配送的技能包、高密度的人才队伍，总之，这是一个"透明度"高的工作环境——团队协作方式透明，上下级汇报关系透明，培训资料透明，公司内部的各类报告、方案透明，有透明的平台让他寻找常见问题的答案。《清醒：如何用价值观创造价值》〔*Conscious Business:How to Build Value Through Values*〕的作者弗雷德·考夫曼〔Fred Kofman〕建议，领导应该经常这样发问："有没有我需要或不需要做的事，能让你们感到和我一起工作更简单？"

这样一来，员工不是和管理者博弈，而是和自己的能力博弈。

这三个问题始终将他的需求置于你的需求之前，围绕的是"组织成就个人"的价值观，也就是个人主义的价值观。

现在很多企业，还保留着集体主义的文化，但招来的年轻人都是个人主义者，这是当今职场上一对突出的矛盾。如果想使整体优于部分之和，合作文化优于强者文化，首先企业需要尊重年轻员工的个人主义价值观，这样，团队才能达成同频协作，团队所做出的成就将超越个体做出的成就。

你一次次和他探讨这三个问题，会慢慢出现累积优势，这个累积优势就是他对你的信赖。哪怕另一家公司有颠覆性优势——比如薪资更高，员工也不会轻易跳槽。你在用最简单、最便宜、最巧妙的方式，提升大家对组织的忠诚度。

他不是庞大机器中的齿轮，而是一个全职自我雇用者。秉持这个信念、心理契约，哪怕他离开了本公司，也会成为一个代言人，感激公司，为公司背书。

◉ 分别时，创造回流的可能

离职的时候，为优秀员工创造回流的可能，让公司真正对人才产生虹吸效应。怎样创造这个可能性呢？有两种方法。

第一种，将固定的雇佣关系变成零工关系。有家公司是这么做的。有员工离职去开花店，开花店有风险。这位员工擅长文案写作,原来是公司里的文案策划主力。于是领导和他商量,将文案策划工作部分外包给他,每月两篇。他不需要来上班。双赢。

第二种,为他留住这个坑。有员工要去香港读工商管理研究生,需要一年时间,公司大度地为他办理停薪留职。

腾讯有著名的"南极圈",由离去的"企鹅",也就是离职员工组成社群。这个社群集合了两万多名腾讯离职员工,它联结着腾讯系创业企业及一线投资机构。大家只要在这个行业里,就没有真正地离去。

"90后"无须用工作来养家糊口,他们对身份感的意识非常强。只要你给了他"盟友"的身份,彼此做出"职业承诺",哪怕是10人内的小公司,也会让员工找到很大的职业发展空间。如果身份给错了,哪怕是一个几千人的大平台,员工也看不到发展空间,只会觉得自己被角色化、工具化。

我想带他一起冲，
可他有赛道吗

> 如果我踢狗一脚，它就会向前走一步。当我想让它再走一
> 步的时候，就必须得再踢它一脚。
>
> ——**弗雷德里克·赫茨伯格**〔Frederick Herzberg〕
> **美国管理理论家**

这是饱受弗雷德里克·赫茨伯格诟病的"踢着走"的管理方式，它产生的是行动，而不是动力。

"用我的情怀去感动你"的时代已经过去了。每个领导都在表达意义，你表达意义的声音如果和别人差不多，就很容易被掩盖。每家企业都在表达情怀，但是面对"90后"，情怀牌得省着打。因为你的情怀不见得就是他的情怀，将梦想和目标灌输给别人，难上加难。

他自己的意义和情怀，比什么都重要。这是他人生的

终极目标，也是他一切行动的能量源。

⦿ 带他画出事业金字塔

在和他一对一的交谈中，你可以尝试带他将自己的事业金字塔明确地画出来。

第一层是终极目标。

第二层是中期目标。

第三层是短期目标。

首先，你问他："20 年后，你理想的人生状态是什么样？我们公司没有在你的蓝图上也没有关系。"这是一个大胆的提问，很少有领导敢问。也许他不仅想做个助理，他还想做行政总监；也许他不仅想做个会计，他还想成为投行合伙人；也许他不仅想做个程序员，他还想开个自己的游戏设计工作室。当你的视角扩展到他的职业生涯，你把他当"人"对待，你的关注、慈爱、期待，都凝聚在这个问题中。

这就是他事业金字塔的第一层。比如："我的梦想是让所有女童获得教育机会。"

然后请他把今年要在本家公司实现的职业目标写在金字塔的第三层。比如："作为公关关系专员，我要完成新产品的稿件 30 篇。"

第一层和第三层乍看上去是不契合的，无法对齐。因为它们的时间跨度不一样，一个是 20 年，一个是今年。

这时，第二层的作用就大了，它在第一层和第三层之间建立了对话的机会。它在"长远效益"和"此时此刻做的努力"之间建立起联系。

怎样写出这第二层，可能需要你的帮助，它需要对行业的深入理解、对技能的准确拆解，乃至对未来趋势的预测。

比如刚刚那个例子，第二层可以写的一条是："我目前所处的公关职位，能让我接触到大量的优质教育资源。"你看，第一层的终极目标和他今年的日常工作，就这么恰如其分地连接起来了。

再来看这个例子。这是一位当了父亲的员工，他想了想，诚实地把第一层写成："将我身上所有的优点传递给下一代，让他们健康成长。"这个终极目标和他今年要在本岗位上实现的具体工作任务似乎也没有联系。仔细思考后他发现，第二层其实可以写："精进我的工作技能，高效完成工作，这样可以增加陪伴孩子的时间。"

又比如，这是一位总经理秘书，她的第一层是"在西藏开个爱彼迎民宿"，而她的第三层肯定和西藏、民宿都没有直接关系。其实，第二层她可以写："在和谐的人际关系中递交工作，学会和不同阶层、不同利益方的对象打交道。"

有些员工可能对于人生的终极目标还没想清楚，他会在第一层写："我还没想好要干什么，但我知道的是，理想的终极状态一定是将自己的潜能发挥到极致。"第三层他写好了今年要完成的工作任务，这些工作是不是和自己的潜能有直接关系，还不明确。那么第二层可以写："目前的工作平台就是最好的学习环境，一边工作，一边在学习中发现潜能。"

这个事业金字塔是你和他的连接纽带。放在商业领域中，这叫"连接策略"（connected strategy）。"90后"所在的世界，连接互动达到了前所未有的频率，而且这些连接互动比以往更紧密，更定制化。他在某个时段打开滴滴打车软件，软件会猜到他的目的地；他入住酒店时，前台笑容可掬地说："欢迎您再次入住，还是上次那个房间，您看可以吗？"在职场上，他目前所做的一切，要能和他内心深处那个终极目标连接上。一旦连接上了，领导从"我是给你发工资的"转变成"你向我们贡献了你最好的年华，我们回馈你最好的成长平台"。

有了这个事业金字塔，你不会等他向你求助，你能预测到他的需求，并提供帮助。当某个机会来临时，你能猜到他一定在摩拳擦掌，你会分派给他。当你有了某个新资源时，你能判断出，他是否会珍惜并充分使用。

◉ 全力支持他的梦想

当年轻人的梦想在本家公司能得到支持的时候，他们甘愿献出自己的青春。巴西的塞氏企业主席里卡多·塞姆勒（Ricardo Semler），为了支持员工的梦想，他规定可以用员工工资 10% 的价格，把星期三出售。比如，员工想在周三做副业，或学艺术，他可以用工资的 10% 把这一天买下来自己使用。这家公司被称作"年轻人最想去的另类公司"。

我发现经常有公司搞错因果关系，它们不断地要求员工学会"自我管理"。其实，"自我管理"只是一个结果而已，重点是要挖掘"强烈的内在驱动力"。

为了找到那个真实的强烈的内在驱动力，为了获得他们心中的真实想法，你可以先说，先给出你的事业金字塔。

你诚恳，他自然也会诚恳。同时，你可以让他们给出三个人生梦想。这样，他们会给出那个他们认为你喜欢的答案，同时也有可能会给出自己心中真实的答案。

在第一层的梦想下，列出技能清单来。这往往可以成为第二层的内容，你和他的交谈重心，也在第二层。

比如，他的职业梦想是开个咖啡屋，下面列出的技能包括商业洞察力、管理能力、社交能力等。

这时，管理者与其期待下属告诉自己，他需要什么支持，不如主动探寻他的需求。人类不擅长了解和诉说自己的需求，尤其是年轻人不好意思开口。管理者更有经验，能通过解析目标，探知到他最紧迫、最核心的需求。

你可以从三方面给予他协助：

第一，让他参与能锻炼这些技能的项目，比如市场调研的项目、管理实习生的项目或代表公司参加各类商会。

第二，为他提供培训机会，或介绍导师给他认识。

第三，亲自提供帮助他成长的好点子，比如推荐书。

在工作中提升技能，工作成果是副产品。用北京大学国家发展研究院 BiMBA 商学院院长陈春花的话说，组织就是"让本不能胜任工作的人能够胜任"。这个金字塔，让他看到组织的价值，看到组织的力量。组织能够成就个人。这就是"90后"更偏爱的个人主义文化。

⊙ 和他的成长保持同频

我在和某家管理咨询公司合作时，他们委派了一位跟课助理。这个小姑娘展示出了和别的助理不一样的素养。她参与协助的环节从未出错，订车、订餐一丝不苟，我上课时她也在非常认真地听，在午餐时，她还和我探讨课程内容。

两年过去了，她还在同一个职位，但我看出她有些闷闷不乐。

又过了两年，她告诉我马上要跳槽到另一家公司，我说："你的老东家马上要上市了，为什么要走？"

"这家公司和我有什么关系？我要做的是课程顾问，这家公司没给我机会。"

果然，她到了新公司后，非常出色，每年创业绩几百万元。

前一家公司给她提供资源、提供平台的速度，没赶上她自己的成长速度，非常可惜。做到"所供即所需"，是真正成功的管理者。

现代管理学之父彼得·德鲁克（Peter F. Drucker）说："在动荡的时代里最大的危险不是变化不定，而是继续按照昨天的逻辑采取行动。"自上而下地灌鸡汤，不如自下而上地捕捉员工心中的梦想，并公开支持这个梦想，他们会变得比你想象的更强大。

第 3 节

做的是基层工作，
却要新鲜玩法

> 现在最重要的是右脑能力，即艺术创作能力、共情能力、
> 发明创造能力以及全局思维能力。
>
> ——丹尼尔·平克〔Daniel Pink〕 美国趋势专家

在台上做商务演示，和客户成交握手，衣着光鲜出入写字楼，这是提前植入他大脑中的工作场景。

一遍又一遍地核对报表，在不肯协调时间的同事之间艰难地协调，回复那些永远也回复不完的邮件，这是他所面对的真实的职场场景。

作为管理者，你每天的工作内容都是新鲜的，你辗转于不同的会议，对不同的诉求做出回应。而下属的工作大多是重复、烦琐的。更糟糕的是，年轻人在招聘面试环节，可能为了拿到这份工作，虚假地展示了对这份工作的兴趣，

但他的热情并不如所展示的那样高。

年轻人都想从事有意思的、有创意的工作，但真实的职场正如彼得·德鲁克说的，好创意本身无法"移山"，"只有推土机能移山，创意是用来为推土机指定作业方位的"。放眼望去，大多数人做的是"推土的工作"——繁重、重复的工作。

好，我们到底应该怎样看待"工种"？"高技能高收入 vs 低技能低收入"，这种将工作分类的方式正确吗？

丹尼尔·平克在《驱动力》（*Drive: The Surprising Truth about What Motivates Us*）中将工作分成两类：

推算型：根据一系列指令，按照某种途径得到某种结果。完成工作有一个推算法，"做了什么，一定会获得什么结果，于是应该快速重复做"。比如银行出纳、收银。

探索型：没有现成的算法，你必须试验各种可能性，设计出新的解决方案。比如市场营销。

纯推算型的工作在 20 世纪是有的。在蓝领职业中，有流水线上的工人，从早到晚用同样的力度和角度拧螺丝钉。在白领职业中，有医院药房的配药员、公司的簿记员。

但是在 21 世纪，这些重复加工的、规模化的体力和脑力劳动已经逐渐被人工智能取代，比如流水线上的机器人、ATM 机、配送机器人、簿记软件。经济学家威廉·诺德豪斯（William Nordhaus）预计，用计算机完成这类工作的成本可以达到人工完成它的成本的 1.7 万亿分之一。

所以，我们现在对工作的分类，不再是"低技能低收入 vs 高技能高收入"，而是"推算型 vs 探索型"。

刚进入职场的"90 后"，他们是基层员工，从事的职业多数是低技能低收入的工作，但不见得属于推算型工作。比如销售、快递、仓库保管、餐馆服务，这些工作中有部分是重复性的、步骤性的，但还有部分是不确定的。

而优秀和平庸的分界线，就出现在这些"不确定性"的部分。

优秀的售货员能读懂人性，让对方卸下面具，并满足他的期待——共情能力；

优秀的快递员能优化不同时段的派送路线，这必须考虑到行车安全、停靠方便、包裹大小等——全局思维能力；

优秀的餐馆服务生要有应变能力和人际交往技巧——共情能力；

优秀的仓库保管员要根据本公司所处的阶段区分出哪些

是该丢弃的垃圾，哪些是该保管的财产——全局思维能力；

优秀的秘书能制作出赏心悦目的 PPT——艺术创作能力；

优秀的行政助理不仅要眼观六路、耳听八方，还能在紧急时刻给出非常规的解决方法——发明创造能力。

丹尼尔·平克在《全脑思维》（*A Whole New Mind: Why Right-Brainers Will Rule the Future*）中指出的右脑的能力，即艺术创作能力、共情能力、发明创造能力以及全局思维能力。

作为管理者，你首先要带着他意识到，他工作中存在"无法用现成算法完成的，需要试验各种可能性，找到最佳方案"的领域，而在这些领域，能力是可以不断提升的。

此外，对于基层员工的工作懈怠，你还可以怎样做呢？

⊙ 用 S 形成长曲线牵引他

凯文·凯利（Kevin Kelly）在《失控：机器、社会与经济的新生物学》（*Out of Control: The New Biology of Machines, Social Systems, and the Economic World*）中概括道：所有成长的东西都拥有一些共同点，其中一点，就是都拥有 S 形的生命周期——缓慢地诞生，迅速地成长，缓慢地衰败。

站在你面前的这位年轻人，在他的 S 形成长曲线上，他目前处于哪个位置？

很少有人会在迅速成长期对工作感到厌倦。工作懈怠常常发生在曲线低端，或者是曲线顶端。

如果他处在曲线低端，给他提供各种学习资源，帮他提升能力。你让他摆脱无休止的邮件、会议，让他有机会学习新技能，不管是参加培训班，还是读书，还是参加公司内的分享会。

如果他已经做得很好了，你把他推上新曲线。比如：如果他已经能完成手头的工作，你可以让他挑战一下完成的时长。如果他缩短时长也能完美完成，你让他分享经验。

请注意，对于这种学习能力强、成长速度快的员工，如果你没有把他部署在新的学习曲线上，他可能会带着积累的知识技能，去竞争对手公司，这是重大的损失。

把他推到新的学习曲线上，是有方法的。

有一次，我儿子要自己炒饭吃。我说："炉灶太高，你够不着。"

他过来试了试高度。我又说："鸡蛋壳如果打碎了，不要掉到鸡蛋里去哦。"

他看了一眼鸡蛋。我接着说："鸡蛋刚倒进去，会有油溅出来。"

他放下锅铲，跑开了："我和弟弟玩乐高去了。"

我仔细回想刚刚那一幕，我一定有什么地方做错了。我所有的话，都是质疑和担心，很快，他失去了兴趣。

过了几天，我举着新买的生鸡翅，走进儿子房间："瞧，你最爱吃的。要不要自己尝试做可乐鸡翅？"

"我不会。"

"炒鸡蛋你都学会了，这个比炒鸡蛋还简单。"

"真的？"

"可乐、红糖、老抽，所有原料家里都有。这里是我打印好的菜谱。"

他一跃而起。

要让他挑战自我，进入新的成长曲线，最重要的是让他相信自己能做到。务必展示出你对他的信心。当他有信心了，在准备接受挑战的那一刹那，可能心里还是打鼓。这时，我们再借势，提供他需要的工具。

或者，学习那些充满活力的公司的做法。比如，谷歌公司（Google）让员工有 20% 的时间做自我挑战；3M 公司让员工用上班时间的 15% 去深入探究他们工作中产生的奇思妙想。不仅仅是科技人员，所有员工都享有这个权利。失败了，没有关系，用他们的说法是 let's move on。如果成功了，有丰厚的奖励。众所周知，谷歌公司用 20% 时间，孕育出了 Gmail、谷歌地球（Google Earth）、Gmail 实验室（Gmail Labs）。

如果你们公司没有太多资源和平台，适度的鼓励，也会让年轻人感激。

当每个成员都在成长曲线的垂直上升段，这就构成学习型组织。用惠特尼·约翰逊[1]（Whitney Johnson）的比喻："如果个人不会学习，企业也同样不会。这就像出水口被堵住的一潭死水——静止不动，藻类丛生，满是浮萍。"

◉ 重新定义他的工作价值

这份工作不仅是饭碗。工作对他意味着什么？工作是他的人生使命吗？请你为他日常的、烦琐的、重复的工作

---

1 惠特尼·约翰逊：演说家、创新思想家，被 Thinkers50 列为最具影响力的管理思想家之一。

赋予新的意义。

比如，强调他工作的独特性。公司里的客服人员，他们处在一个很拧巴的部门，这是职业阶梯的最末端，而他们的工作质量直接影响公司的口碑和业务。

这时，你可以不断强调：

"整个公司只有你一个人知道怎样搞定恶意投诉的用户。"

"只有你一个人在钻研热线端智能客服技术，这是行业的发展趋势，你就是先驱者。"

"你对用户需求的理解准确度是最高的。"

这个时代里的成功，都在被赋予了新的意义之后。比如电影《哪吒》，用传统故事探讨新时代的新问题。陈春花曾反复强调，员工们不是在养猪，而是"提供一块好肉"，这里面蕴含了丰富的意义和责任。滴滴出行和所有合作司机的约定不是提供驾驶服务，而是"提供人们出行在路上的美好"。

星巴克店员不是传统意义上的高端职位，但是星巴克有办法让这些店员找到工作的意义。从能力上，星巴克让店员成为咖啡行业的专家，给他们提供舞台，让他们把咖啡知识传递给客户；从身份上，他们是公司的合伙人；从愿景上，星巴克给员工提供各种培训，包括领导力培训，让他们看到店员这个职位上可以衍生无数可能的未来。

在从事企业咨询培训的过程中，我发现很多公司都在花大力气给员工传递新技能和新知识，包括引入课程、开展职业技能竞赛、开启导师制、建立企业大学等。这些都是从外部给员工赋能。

而在做这一切之前，我们应该带着他向内看，找到他自己内心的能量之源。找到能量之源，他的人生系统才会启动。这个能量之源，就像钢铁侠心脏里的那块核动力电池。从这个圆形的反应炉中，产生超强能量，让钢铁侠一次次踏上英雄之旅。没有了它，一切清零。

你可以组织一次类似毕马威公司的 10000 Stories Challenge（一万个故事挑战）项目，让员工写一个使命型的标题，然后加上清晰的描述，说说自己的工作怎样和这个使命相连。比如：

"我对抗恐怖主义——毕马威帮助很多金融机构打击洗钱行为，阻止恐怖分子和犯罪分子获得资金。"

毕马威为了鼓励员工都来参与，宣布如果在感恩节前收到一万条内容，就多放两天假。结果你猜员工一共发了多少条？4.2万条，而毕马威一共只有2.7万人。看来有些人不止发一条。

这么高的热情是因为多出来的那两天假期吗？我看不是。员工是因为找到了"远方的使命"和"眼前的一地鸡毛"之间的连接而精神抖擞。

另外，你可以有意识地让基层员工了解OST（objective目标、strategy战略、tactic战术）。

你的一线员工了解这些要素吗？要不你尝试在走廊或电梯里问问他们？注意，按顺序问，因为这三者有前后顺承的关系。如果他们说不出来，那就说明本家公司还没有打造出鼓舞人心的文化。

这里说的OST不是那些标准的、通用的关键词，而是真正能将本公司和其他公司区分开来的打法。

不要以为基层员工不需要懂得OST。基层员工对于重复单调的活儿并不是不愿意做，而是不知道为什么要做。他们只被告知，"这些活儿本该被做"，"命令你做"。在信息透明的公司里，基层员工是战术的执行者。他们清晰地知道本公司的目标，发自内心地支持本公司的战略，自然而然，他们会用最高的质量去执行。

而大多数公司的实际情况正如帕蒂·麦考德在《奈飞文化手册》中所说："具有讽刺意味的是，公司在各种培训项目上投入巨大，花了大量时间和精力去激励员工和评估绩效，但是却没能真正向员工解释清楚业务是如何开展的。"

帕蒂·麦考德经常询问带领客服团队的企业管理者：

你认为你的客服代表对公司的业务运作机制了解多少？

他们知道什么是当下最紧要的问题吗？

你认为他们对自己的工作为公司所贡献的利润了解多少？

他甚至建议，为了让客服团队有高敬业度，第一步就是教客服人员阅读公司的损益表。

以上这些做法，都是在重新定义员工的工作价值。你的员工不再是卓别林电影中流水线上只会拧螺丝的工人。他能看见成品，一个有意义的成品，而且他能将自己的日常工作和成品相连接。

◉ 重塑他的工作内容

工作内容重塑（Job crafting），指的是从员工角度进行的自下而上的工作内容再设计。

比如，员工可以写下他喜欢并擅长的工作内容，还可以写下他不喜欢且不擅长做的工作内容，彼此交换工作任务。

为什么可以这么做呢？美国心理学家贝弗利·波特说："典型的职业枯竭是，你有工作能力，但丧失了工作动力。"

组织结构枷锁重重，让人气馁。研究领导力和敬业度的马库斯·白金汉[1]（Marcus Buckingham）指出："工作是在团队中进行的，这些团队有可能相互重合，动态变化，可能是自发的也可能是有意设计的，可能长期存在也可能只是暂时搭建。真实的职场本来就一片混乱。"所以，是否启动了团队的最高效的模式，取决于是否启动了个人的最高效模式，每个人是不是每天都在展示自己最好最独特的一面。

年轻人厌倦一份工作的周期越来越短。他们尤其排斥

---

1 马库斯·白金汉：在 ADP 公司的研究机构负责领导"人与绩效"研究，并率先带动最新的全球敬业度研究。他与阿什利·古道尔（Ashley Goodall）合著了《有关工作的九个谎言：自由思考领袖的真实世界指南》。

重复性的、支持性的工作。他们不停地问自己："我还会继续做同样的工作吗？我还有机会改变吗？"当他们有机会参与到岗位设计中时，新鲜的工作能发挥脑力，恢复能量。更关键的是，员工在重塑工作内容的过程中，使自己的能力有机会迁移，这给组织带来巨大的收益。

比如，小明在生产部门干了三年，当他离开这个部门时，已经获得了现代化生产部门专业人士的基本技能：事无巨细按规范、流程手册是圣经、一切在计划内、按时交付。

现在他到了客户服务部门，这是一个全新的领域，初一看，这是一个让他全然困惑的领域。在每天的工作中，他没有办法"交付"客户的诉求，而且客户遇到的问题五花八门，诉求千奇百怪，他的工作陷入了不可控。

等等，他在生产部门练就的本领，真的就无法施展？

当然可以，用能力迁移术。这个迁移术可以让他在新岗位大放异彩。

能力迁移术，就是用一个领域的能力去解决另一个领域的问题。放在小明的案例里，就是用在这个部门培养的能力去解决另一个部门的问题。

小明驾轻就熟的思维模型是——流程化，而客户服务部的专业素养是——让客户"觉得被爱";要让客户觉得被爱,需要一位真正的聆听者;不仅小明要成为聆听者,关键是让客户感觉到他在聆听。

这么思考下来,小明找到了突破口。他设计出了让客户感觉被聆听的步骤,而且是可循的步骤。他给企业创造了新的价值。

再看一个例子。财务部的小王善于记账,他想挑战一下销售工作。他转到销售部,带走了财务工作赋予他的做记录的技能,他的一次又一次细致的记录,让他和客户的交往从散落的点变成了连贯的线。他对客户说出"去年您说公司一年后会开启"时,客户很惊讶——这是一位格外有心的销售。

随着组织的扁平化,向上的职业阶梯越来越短,一个人的职业生涯不再局限于爬阶梯,而是积累不同领域的专业知识、积累不同风格团队里的协作经验,从而提升自己的专业度和职业延展性。

"3个月转正、1年加薪、3年提干",对于"80后",这已经算是很快速的路径了。对于"90后",这种静态沉淀变成动态尝试,不断尝试。你作为管理者,比他更了解组织,你知道可能有哪些不同的选择。当公司尽力为他提供这些选择时，他和公司之间形成了互惠，受惠者感激，施惠者也获得回报。这是让员工提升敬业度的简单有效的方法，这比"信任背摔""盲人方阵"等学习抽象理念的团建要更实用。

另外，你还可以尝试用任务来分工，而不是用流程来分工，比如，让招聘专员和培训专员合作，或让仓储物流人员和采购人员合作，去共同完成某项任务。这样可以拓宽员工的职业偏好，验证他的职业特长，还能使他对公司有更全面的了解。

大多数年轻人做的是基层工作，领导不仅要传授他们技能，还要帮助他们形成更高一级的视角。他们是数字时代的原住民，他们自己可以通过很多渠道学习技能。而领导要帮他们开发右脑的能力，让他们有全局观，有前瞻意识，让他们看到这个行业里新的可能性，以及他们身上能产生的新的可能性。那么，哪怕目前处在基层职位，他们仍会焕发出年轻人本就有的蓬勃的朝气。

不贪玩不是"95后"，
个个想着找乐子

> 我没有任何理由走到今天，唯一的理由是我比我同龄一代的人更加乐观，更加会找乐子，更加懂得左手温暖右手。
>
> ——马云

戴着耳机优哉游哉地敲键盘。一边喝着奶茶，一边撸个猫、解个乏。休息10分钟也要相约飞车手游。

你问："你们来公司是工作，还是找乐子？"

他们答："无聊的人生，死也不要。"

答得好！年轻人要找乐子，这让我深深地羡慕嫉妒。找乐子，是对生活的一种更高境界的审美追求。他们藐视压力，像顽童一样自由。

好，那我们一起去找乐子！

妮可·拉扎罗（Nicole Lazzaro）是一位世界知名的游戏

设计师，她将人类能体验到的乐趣分成四大类。

简单乐趣：不需动脑费体力，就能身心愉悦的乐趣。比如喝啤酒、玩游戏。

困难乐趣：征服困难之后，带来的成就感。从"做不到"，到"做到了"，有淋漓酣畅的爽快。

社交乐趣：和他人沟通、协作带来的乐趣。呼朋唤友的基因就在人类血液里。

严肃乐趣：做的事情有意义、有价值。

击掌庆贺一下吧，这四种乐趣公司都能给。

最容易实现的是第一种，简单乐趣。比如设置咖啡吧、游戏台、足球桌、午休电影时间、周五炸鸡啤酒日、按摩师上门服务等。让大家在公司里无须理由就能享受开开心心的时光。而后三种乐趣是更深度的乐趣，它们的实现可以借助游戏化管理（Gamification Management）。

电子游戏一直伴随着"90后"成长，不管他们自己玩不玩游戏，他们所处的商业社会早就将游戏中的反馈、认可、奖励机制用得炉火纯青。作为这个时代的管理者，你需要了解游戏化管理，这是企业管理方式深度变革的必然趋势。游戏，会让员工情不自禁，乐在其中。游戏化管理，就是利用数据的力量来做管理。换句话说，当你遇到管理难题的时候，试试将自己的身份从管理者变成游戏设计师，就很可能找到迎刃而解之路。

一说到游戏，你可能会想到点数（points）、徽章（badges）、排行榜（leaderboards），它们统称为 PBL。这确实是游戏化的三大要素，或者称作游戏化的三大标准特征。PBL 妙就妙在能不动声色地把惩罚机制变成激励机制，这是怎样做到的呢？

首先我们来看点数。你注意到没？一般只会设置累积点数，而不会设置扣分或扣点。这就巧妙地将管理方法从"被动打分"转换成"主动积分"。那么员工不再是服从者，而是参与者。

再来看徽章。积累了一定点数，达到了一定的成就，就能获得徽章。所以，徽章将成就视觉化了。不仅可以有虚拟徽章，还可以有实物徽章；不仅可以有个人徽章，还可以有团队徽章。徽章是个提示物，他将逐渐对自己的团队角色产生认同。

最后，看看排行榜。排行榜提供了一个拉长了的时间轴，让员工知道自己在整个进程中的宏观表现。当然，排行榜有弊端。它往往激励到的是排行榜顶部的最能干的员工，排在末位的员工不免会气馁，甚至放弃。为了克服这个弊端，游戏化管理不能是零和博弈，你需要在不同属性和维度上做不同的排行榜。比如创意排行榜、勤奋排行榜、签单排行榜、陌拜排行榜。更棒的是，不同维度的排行榜，结合不同风格的徽章，PBL 就真正激励到每一个人了。也就是说，你实现了足够广的考核衡量。

如果你将这三大要素融入管理中，你就完成了最基本的框架。好，基本框架有了，下一步是为了避免建立一个仅仅套用了游戏外壳的绩效管理系统，你要时刻关注员工的感受。

美国波士顿学院的彼得·格雷（Peter Gray）博士专门研究游戏对人的终生价值。他指出，判断一种人类活动是不是游戏不在于形式，而在于体验。比如，你陪客户玩保龄球，仍觉得自己在工作；你深夜准备第二天开会的发言稿，激动亢奋，在肾上腺素的刺激下，你觉得自己在玩游戏。

在游戏化领域中，有著名的 MDA 作为检验游戏质量的工具。MDA 是机制（Mechanics）、动态（Dynamics）、美学（Aesthetics）三个单词的简写。一个好的游戏化设计，不仅要有规则，还要及时给玩家反馈，并提供情感上的享受。

所以下一步，我们来完善游戏化管理系统，让员工真正获得"情不自禁、乐在其中"的体验。我给一些建议。

第一条：不要把所有工作内容都游戏化。

当员工的一举一动、事无巨细都被纳入游戏化系统中，很容易被他们认为是一种更严厉的监视，比如迪士尼引入的电子 PBL 系统，被称作 "电子鞭"，大家不仅不愉悦，还反感。

第二条：PBL 不需要用在员工本就乐在其中的工作上。

员工本来就有极大的热情和动机去做这项工作，结果游戏化将他的内部动机转换成了外部动机，他开始为积累点数而工作，反而得不偿失。比如，他爱写营销文案，现在你的游戏机制让他从做这件事情中获得的愉悦感变味儿了，不纯粹了。

第三条：PBL 适合烦琐、重复的工作。

超市收银员或电话客服人员的工作容易让人疲惫、抱怨。当他的低落情绪传递到客户那里，对公司来说是巨大的无形损失。这时你可以使用 PBL，比如用不同的排行榜为他注入动力，最受顾客欢迎排行榜、最佳微笑排行榜、最有修养排行榜、最善于处理最尖刻投诉排行榜等。

第四条：当工作遇到障碍，适合用打怪升级的方式来激将。

蚂蚁金服的首席战略官陈龙认为："玩游戏，是一种自愿尝试克服种种不必要障碍的过程。当你遇到困难的时候，也许你只需把它设置成游戏里的障碍，一切就变得有趣起来。"在打怪过程中，还可以加入能量块，比如下午茶、冥想、音乐，让大家补充能量。同时，显示挑战进度的仪表盘或进度条，让他们有必胜的信念。

第五条：保持"有条件奖励"和"惊喜奖励"的平衡。

"有条件奖励"指的是达到多少点数，积累了几个徽章，或排行到了哪里，便可以期待有奖励。这是"如果一那么"型的激励方式，在短期内有效。但长期来看，它破坏了人的内在动机，使人失去自主权，从而失去对做这件事情本身的兴趣，把有意思的工作变成别人分配的任务。这被心理学家马克·莱珀（Mark Lepper）和大卫·加兰（David Garland）称为"奖励的隐形成本"，甚至被埃尔菲·艾恩[1]（Alfie Kohn）直接称作"奖励的惩罚"。

所以，丹尼尔·平克补充一种"惊喜奖励"，也就是把"如

---

1 埃尔菲·艾恩：1993 年出版《奖励的惩罚》。

果—那么"型的奖励，变成"既然—那么"型的奖励。奖励是随机的，他料想不到的，而且是在任务完成以后给的。

"如果—那么"型的奖励让他感觉被暗中控制；"既然—那么"型的奖励传达出去的信号是：你的辛苦我们全看见了，你优秀得超乎了我们的想象。比如，出其不意地带他吃个海鲜大餐，还有的领导发海鲜自助的餐券，让他带家人去享用。有的领导开一瓶香槟。

第六条：量化和非量化评估保持平衡。

很多企业采取量化评估的方式：年底做出某个数量的成绩，就可以获得某个数量的奖金。为此，员工在临近年底的时候疯狂工作，甚至在数字上耍小聪明。

在设置 PBL 时，要有意侧重非量化评估。非量化评估主要体现在三方面：恢复原状、预防隐患、追求理想。

恢复原状：有同事休假，他做了替补，保证工作按时递交。要奖励！

预防隐患：他识别出了不安全状况，并采取措施避免事故；他帮助新员工绕开容易犯错的地方。要奖励！

追求理想：他提出了节约成本的方案，他动手装饰了办公空间。要奖励！

当然，这容易引发另一个问题，非量化评估容易引起员工喊"不公平"的抱怨。比如，年底发奖金，他拿了两万，当得知有同事拿了三万时，他立刻不高兴了，所谓不患寡而患不均。这时你的对策是，针对那几笔高额奖金给出充分的解释。有的公司在颁奖的时候，附上一小段视频，记载获奖者一路的辛劳，让大家看到奖金奖励的不仅是结果，还有奋斗的过程。

第七条，为了创造协作的乐趣，将"赠予"纳入体系中。

比如向帮助自己的队员赠券或积分。每个月每个人获得10张节操币，每张相当于25元。有意思的是，自己不能使用节操币，只能赠送同事，而且还要公开原因。更让人兴奋的是，每年评出收到节操币最多的节操王，年底多发三个月的工资。你看，赠予这个设置，自动消除了公司内"各人自扫门前雪，莫管他人瓦上霜"的现象。

我们知道，敞开门的办公室不直接带来上下级之间真诚的关系，KPI考核不直接开发员工的创造力。真正发挥威力的恰恰是难以被测量和控制的公司文化。这个文化以"为员工创造乐趣"为己任，这个文化吸引他们来到这里，逐渐成长。会找乐子的员工是好员工，帮员工找乐子的公司是好公司。

怎么办，
我招了个佛系青年

> 皈依的本质就是选择正确的生活方式去强化自己的内心，是一种对自我的约定和誓言。
>
> ——草薙龙瞬　日本佛教僧侣

随便，都行，可以，好的。这是佛系青年的口头禅。

安静认真地完成任务，没有惊喜，没有附加值。这是佛系青年的工作习惯。

如果我们自己分析一下，会发现有两种完全不一样的佛系。

⊙ 有一类佛系，是要去登乞力马扎罗山的佛系

注意，是真正的乞力马扎罗山，不是那个事业"巅峰"的隐喻。

不用说也知道，他为了登上乞力马扎罗山，披星戴月地锻炼、事无巨细地学习、摩拳擦掌地规划行程。

这类佛系青年的家境殷实，他们不舍得把太多注意力放在工作上。多挣一分钱，就少一分自由。他们拒绝把自己交出去。"如果不需要买房结婚，我可以过得相当滋润。"可不就是，如果放弃发财买房的欲望，现在的年轻人挺容易生存的。

这群佛系青年是 PL 族〔对应 1970—1985 年出生的人〕的低龄版。PL: perfect〔完美〕、leisure〔悠闲〕、low life〔慢生活〕。

他们在公司里的特点是，对晋升没有动力去追求，他们乐于长时间处在同一个岗位上。你相信吗？苹果公司也有很多长时间处在同一个岗位、做同样工作的人。他们不想参与管理，他们喜欢手头上的工作。苹果公司给予这类人充分的尊重，乔布斯在世的时候，经常和这类员工做亲切交谈。苹果对于工作 5 年、10 年、15 年、20 年的老员工有一整套奖励标准。

所以，不需要驱赶他们向上走。美国苹果公司顾问兼苹果大学教师金·斯科特〔Kim Scott〕建议，我们在描述这类员工的时候，应该换一个措辞，不用"高潜力"或"低潜力"，而用"平稳的成长轨迹"和"陡峭的成长轨迹"。

我非常赞同！以我自己为例，在刚生了小孩那几年，我在平稳的成长轨迹上，这是我的自主选择，因为新的人生角色占据了我很多精力。在孩子们入学后，我又主动走上了陡峭的成长轨迹，因为孩子们的高额教育经费让我在事业上斗志昂扬。人在什么时期，选择什么样的成长轨迹，这是公司左右不了的。

如果你手下有员工将"按时下班，陪家人去做理疗"，或者"按时上班，为了买到那杯网红奶茶"看得很重要，这不是坏事。你要做的就是尊重他的成长轨迹，按照他的节奏和速度给他派活儿。你不用急于把他拉到快车道上来。

◉ 还有一类佛系，是无奈地变成了佛系

他们怀着热忱走出校门，面对人生真正的分水岭。在学校这个安全网里，他们一分耕耘一分收获，一切都可预测。而步入职场，他们来到真实的世界。他们很快就发现，这不是一个平等的世界，跨阶层的窗口其实很小。

"我再搏命，也买不起房，再争也争不到，我疲倦了，不想去争了。"

他们沮丧而失意。在决定不再拼搏后，他们并不快乐。

对于这类年轻人，你的责任是给他一个燃烧点，让他重新焕发活力，让他的能量开始循环，向外辐射。他们会因此而快乐。

你主要做两件事情。

◉ 首先，让他相信，我们这个平台，可以出英雄

你有"组织成就个人"的故事吗？

携程的人力资源经理对我说，他经常讲这两个真实的故事。

一名客服专员在工作中发现售票系统不完备，于是提议把供应商名单内嵌到携程系统中，以便节约反复确认的成本，为交易留下记录。公司当即奖励他 35 万元。

一位普通员工建议携程增加代售火车票的业务，并递交了详细的方案，为此他获得奖金 1500 万元，后来成为携程的副总裁。

难怪携程一直有鼓励员工内部创业的传统。公司发招将令："只要你有勇有谋，我们会让你成为英雄。"

◉ 其次，是让他相信，他就是英雄

美国西北大学教授丹·麦克亚当斯（Dan McAdams）在研究"人生故事"过程中，如此定义身份："个体在对过去、现在和未来的选择性认知的基础上内化并不断修正的叙事。"

"我是谁？"他会用过去的经历回答这个问题，而你可以邀请他用现在和未来的经历，一起来修正这个答案。

具体怎么做呢？带着他来一次自我发现之旅。从事神话研究的顶级学者约瑟夫·坎贝尔（Joseph Campbell）归纳出四个阶段。

启程——进入历险的领域。

这是旅程的开端，非常关键。你们一起谨慎地设定一个目标。这个目标让他心里痒痒的，觉得可以实现。一旦他觉得有可能成功，成功就会成为自我实现的预言。为了让目标的难度显得小一点，你可以和他一起回忆一下，过去他曾经完成过的比这个目标更艰难的挑战，哪怕不是职场上的挑战也行，比如高考。这么一对比后，成功的可能性突然变大了。

启蒙——获得某种以象征性方式表达出来的领悟。

在这个阶段，用行动清单引导他，让他感觉自己已经在路上。在做行动清单时，不是从零开始，而是把他之前所做的与这个目标相关的事情都列出来，并且画上钩。既然已经在路上了，就顺着惯性继续前行吧。

考验——陷入险境，与命运搏斗。

在这个阶段，守在他身边，准备随时助他一臂之力。你可以用画画这种形象的方式，让他感觉到自己和目标之间的距离在缩短。并且，标注并提醒他那个 X 点。根据"X 点理论"，在全程 42.195 千米的马拉松比赛中，运动员们跑到 42 千米的时候，大约能看到终点线了，运动员这时会瞬间迸发能量。

归来——披着胜利的光环回到平常的工作轨道上。

请和他一起庆祝，不要吝啬你的夸奖："在我眼里，你就是英雄。"这时的他，已不再是过去的他。

这是每一位英雄的必经之路。如果你带着他完整地走过一次，你就等着多米诺骨牌效应吧。

佛系本没错。第一类佛系无欲无求、不悲不喜，公司的某些岗位正需要这样的人；第二类佛系能量被压抑，一旦点燃，就是个小宇宙。

年轻团队像一盘散沙，如何抓拢它

> 组织健康如此简单、易得，很多领导者很难把它看作获得有意义的优势的真正机会。毕竟，它并不需要超凡的智力，只需要超出一般水平的勇气、坚持和常识。在这个时代，我们认为差别和明显的改善只能在复杂中找到，受过良好教育的高管很难接受如此简单、直接的东西。
>
> ——帕特里克·兰西奥尼（Patrick Lencioni）
>
> 美国圆桌咨询公司（The Table Group）**总裁**

你在招聘新员工的时候，有没有发现这样的变化：和"70后""80后"以老板为中心的观念不同，"90后"对老板的关注度远不如团队。老板是个什么样的人，他们越来越无所谓了，团队成员的年龄构成、性别构成，以及团队氛围，这些更重要。

"老板厉害不厉害无所谓，只要团队里有大神就行，离得近还能求带飞。"

"老板是不是出手大方无所谓，反正他的钱也不是我的钱，给我按时发工资就行。"

"老板和我性格合不合无所谓，反正一天也见不了几次。"

"我爱一家公司，不是因为它的品牌、它的各种福利，而是因为它里面的人。"

从"80后"开始，中国出现独生子女人群，而"90后"的年轻人不仅是独生子女，他们连同龄的表兄妹堂兄妹都少了，同龄人的陪伴对他们的生活很重要。"90后"选择工作时，也在选择生活方式。排除睡觉时间，他们和同事相处的时间多过和任何其他人相处的时间，他们自然会看重团队氛围。思科系统公司（Cisco Systems）高级副总裁阿什利·古道尔（Ashley Goodall）指出，真正让员工敬业的是他所处的团队。

◉ 你在建设团队时，是用"经济人"假设，还是用"社会人"假设？

"经济人"假设最早由英国经济学家亚当·斯密（Adam

Smith）提出。他认为人是"实利人"或"唯利人"，他的行为动机根源于经济诱因，人都要争取最大的经济利益，工作是为了取得经济报酬。

"社会人"假设最早来自美国哈佛大学教授梅奥（G.E. Mayo）主持的霍桑实验（1924—1932）。梅奥认为，人是有思想、有感情的活生生的"社会人"，金钱和物质能激励他，但是起决定作用的不是物质报酬，而是他在工作中发展起来的人际关系。

只有承认人是"社会人"，才会认同"组织的情商"比"组织的智商"更重要。也就是说，和谐的团队文化，比这个团队所能应用的高科技、战略更重要。用兰西奥尼的话来说："它不是肉和土豆（主菜）的配菜或调味剂，而是用来盛主菜的盘子。组织健康为战略、金融、营销、技术和组织中所发生的一切提供了环境，所以它是决定组织成败的最重要的因素。它比人才重要，比知识重要，比创新重要。"

由此看来，管理者的首要任务是，在团队成员之间建立积极的社交关系，以产生巨大的心理幸福感。所以允许员工带宠物上班，或者提供免费茶点的公司，实际上是创造了一个放松的社交空间，看似大家在品尝精致的糕点，撸猫撸狗，其实在这种不经意间，信息和情感在做高频率的交流和共享。

这也能解释为什么大多数团建是失效的。

在那时那刻的团建活动中，大家为了完成游戏，会暂时抛开成见，积极互动，制造欢乐。但到了第二天上班的时候，原本很碍眼的那位同事，还是一样的碍眼，你和他的互动情绪并没有因团建而改变。所以，团建创造的是一种短暂的协同。

没有哪支团队的组建是迅速而轻松的。让他们协作，有一系列方法。首先，他们得互相了解。有句话是"如果你足够了解一个人，你会爱上他的"。

⊙ 交换个人画像，熟悉感是建立信任的前提

这是我见过最好的、成本最低的团建替代品。我曾参加过华夏幸福公司的半天讨论会，印象极其深刻。这是一个"交换个人画像"的活动。

大家各自在纸上画出：

10 年后的我、8 小时以外的我。

然后写出：

我最擅长帮助别人的 3 件事、我最不能容忍的 1 件事。

最后他们制作了一面墙，将所有的纸贴出来。

注意他们设计这些项目的顺序。用前两个问题打开心结，让大家慢慢敞开自我。而且用的是画画的方式，来启动感性智慧，之后再进入理性思考。后两个问题是"3 件擅长的 vs 1 件不能容忍的"，"3∶1"的背后更多的是鼓励彼此自由生长、自我实现，而不是约束彼此、控制彼此。

这种安静从容的自我展示，比拉到户外热闹地团建更能在成员之间建立长期的、深入的连接。

你的团队有类似的让大家了解彼此的活动吗？

有团队组织"寻找优势互补者"的游戏。在做完盖洛普优势测评后，每人写下自己的前五项优势，并展示出来，然后寻找到那个和自己的优势没有任何重叠的同事，互为搭档。

最理想的团队就是，当问题来临时，由最合适的人来解决这个问题。以上两个活动就是为这种契合做准备。

有团队在开会时轮流提交自己喜欢的歌来播放，或准备自己喜欢的食物供大家品尝。在他解释为什么喜欢这首歌或这道食物的时候，大家对他有了立体的认识。

美国卫生与公众服务部的某个团队也有类似的活动。他们在每周的例会上，插入"内幕消息"（Inside Scoop）环节。请某一位成员用 5 分钟时间，结合照片来分享自己的某个故事。有的同事在叙述自己的故事的时候，眼中带着泪光。在那一瞬间，说故事的人和听故事的人产生了真正的连接。

有的团队会组织成员做心理测评，把结果公布出来；有的团队要求成员把照片加入电子邮件的签名栏；有的团队要求成员每人提交一个最喜爱的餐厅的名字，聚餐时轮流去。马云早期经常在家里组织员工玩一种叫作"四国大战"的军棋游戏，在营造融洽的气氛的同时，他也会在游戏中判断员工的性格。

能否成功建立起熟悉感，这和团队的人数也有关系。"人多力量大"在超过 20 人以后就不起作用了。不能只想着增加人员就能增加生产力，这是工业化时代的线性思维。更重要的是人员的整合和他们之间的密切交流，这才能产生真正的动力。还有的团队鼓励成员公布个人日程表，某人会在每天 5 点至 6 点去接孩子，或者在下午 1 点至 2 点会去健身，这都是避免工作电话的时段，所有人都知道。熟悉感是建立信任感的前提。

类似"交换个人画像"的诸多做法，都是在展示员工完整的自我。了解过彼此的经历、彼此的喜好后，便不会把自己的感受当作全世界的感受，把自己的观察当作全世界的观察了。这也应了那句话："人的价值 = 差异 × 理解。""90后"人群极其多元化，差异非常大，如果我和你的差异不能被你或周围人理解，那么我的价值为零，但被充分理解后，我们的差异会变得极为有价值。

好，有了熟悉感、建立信任后，我们该怎样做呢？

按照帕特里克·兰西奥尼[1]对于信任的理解，信任分为两种：一种是基于能力的信任，大家知道这件事情交给这个人一定能办好；另一种信任被很多团队忽略，那就是基于弱点的信任，彼此之间愿意坦承错误，主动道歉，并原谅他人的错误。

◉ 制作英雄谱，建立基于能力的信任

团队里每个人都有强项，关键是，你是否将它们展示

1　帕特里克·兰西奥尼：美国圆桌咨询公司（The Table Group）创始人兼总裁，主要作品有《团队协作的五大障碍》《CEO 的五大诱惑》《示人以真：如何让生意追着你跑》《别被会议累死》。

出来，让它们受到认可和重视。这时每个人形成了一个权威个体，称作知识权威。它有别于职位权威。这种知识上的协助比行政命令更有影响力，因为它能直接成就任务。

在未来的工作中，大家会有互相求助、搭档、协作的默契，整个团队将享受到多样化红利，快速进化。只有当每个人都意识到，在团队中能实现个人价值最大化，他们才会真正喜欢上工作，付出心智和才干。

比如，让有艺术细胞的同事为大家创造一个赏心悦目的办公空间，让有摄影技能的同事在重要活动上记录下同事们的灿烂笑容。

◎ 15 分钟分享错误法，建立基于弱点的信任

某家创业公司的首席技术官丹·伍兹（Dan Woods）发明了一种15分钟分享错误法，它要用到两只毛绒玩具：鲸、猴子。首先提名本周的杀人鲸——最卓越的同事，由上一周的杀人鲸来提名。然后，大家提名自己的"哎呀，猴子"，也就是自己在本周的过失。

毛绒玩具能冲淡这个环节的敏感和尴尬。如果大家还是沉默，不好意思开口，怎么办呢？金·斯科特在谷歌公

司最开始效仿这个方法时，房间内一片寂静，她机智地在猴子脑袋上放上 20 美元，气氛立刻活跃了。

15 分钟分享错误法，不仅能培养团队里坦率的氛围，还能在具体工作上让所有人受益。

脸书（Facebook）有个相似作用的简单版，当某个同事没有完成任务时，就在他桌上放一只可爱的小熊。既给了他压力，又弱化了惩罚带来的负面情绪；既做到了绝对坦率，也维护了团队氛围。

◉ 用"绿胡子效应"对抗人类自私的基因

团队融合，要求团队成员有利他的行为。为了大我，可以牺牲小我。但人类是自私的物种，每时每刻都在追求自身利益最大化，那么怎样对抗这种自私的基因呢？

英国著名演化生物学家理查德·道金斯（Richard Dawkins）指出，如果某个人群具备可识别的特征，比如长了绿胡子，他会倾向于靠拢其他长了绿胡子的人，并和他们合作，争取资源，一起去对抗长了黑胡子或者红胡子的人。在绿胡子人群内部，人们会做出利他的行为。这里的绿胡子，是一种自我标签。"绿胡子效应"自带凝聚力，能让人迅速团结，一致对外。

当然，人长不出绿胡子，但每个团队都应该有自己的标签，这个标签就是"别人没有，只有我们有"的东西。

团队的专属笑话、内部暗语、小传统、小物件或小游戏。比如，华为人都说"我们呼唤雷锋，但绝不让雷锋吃亏"。比如，腾讯内部笑称公司是靠公仔把员工留下。腾讯源源不断地将不同套系、不同尺寸的企鹅公仔，在不同场合以不同理由奖励给员工。小企鹅们制作精良，大家都恨不得集齐所有款式。

团队专有的让人羡慕的待遇。比如，家里突然发生变故，大家会给予经济支持；妻子生宝宝，男员工也有产假；给员工子女提供教育津贴；有看望年迈父母的孝顺假。借用谷歌公司的做法，员工之间还可以互相赠送假期。

团队专属的快乐。有的团队在内部服务器上存储电影，供大家下载观赏；有的团队成员一起去学习情景喜剧；有的团队找到性别互补的公司，做相亲会。制造快乐，传播快乐，从主管开始。马云的手机铃声是《我们是共产主义接班人》，罗振宇在群里发大肚腩的自黑旧照片。

团队专属的优秀。比如腾讯的优秀是"速度"，他们流行一个内部故事：马化腾凌晨 4 点 30 分发邮件，总裁早上上班立刻回复，副总裁上午 10 点 30 分做了回复，几个总经理讨论后在中午 12 点将讨论结果做了回复，技术方案在下午 3 点出炉，详细的开发时间表在晚上 10 点出炉，全程共计 18 个小时。

这就是利用当今时代圈层化的趋势，打造团队的共同文化身份，并强化这些身份。

还有一个小诀窍，在和别的团队 PK 中，我们要经常创造机会，让本团队和别的团队竞争，就像教练把球队拉出去比赛，团长把士兵们拉出去作战一样，腾讯的"赛马制"、华为的"赛马文化"、西贝的"赛场制"，都是将竞争引入各团队间，既保持了企业的活力，又加强了团队内部的凝聚力。

这种凝聚力能产生幸福的体验。就像"90 后"买商品，不再拘泥于功能性的诉求，而是看重情感性的诉求一样，"90 后"在职场，关注的是自我实现、精神引领。对于某些"90 后"来讲，幸福的体验就是工作的刚需。如果你能用团队文化来滋养他，工作就不是一件消耗能量的事情，而是激发能量、传递能量的载体。

给他

给他奖金？他似乎对财富并没有那种近于生理性的饥渴。给他更高的头衔？他根本不在意科层制的虚幻名号。他争的是什么？在自己的一亩三分地上做主！喜欢"微管理"的"坏老板"们，是时候让出权力了。"个人自治"对年轻人有魔法般的吸引力——做什么、什么时候做、怎么做、和谁做。这四方面的自治，哪怕只实现了一个，他也欢呼雀跃。管理者要允许年轻人犯错，将成长的权利还给他，同时，提高整个系统的抗风险能力。

权力

优化行为塑造力

用"利益"激励 out 了，
他们要的是"权力"

> 绝对不能告诉他们"应该做什么"。有能力决定"做什么"
> 以及"如何去做"，这两点正是当初他们加入的理由。
>
> ——**沃伦·本尼斯**（Warren Bennis）《**七个天才团队的故事**》
> （*Organizing Genius:The Secrets of Creative Collaboration*）**作者**

　　代与代之间的抗争总是体现在：年轻人要把主动权从老一辈手中夺回到自己手中。比如选择进入哪个行业，单身还是结婚，和谁结婚，要不要孩子。老一辈认为自己更有智慧，将权力交给年轻人实在不放心；但年轻人决不会放弃对权力的追逐，我的生活我做主。

　　在职场上的"90 后"，没有经历过匮乏、封闭的年代，他不再对财富有生理性的饥渴。用利益去激励他们，早已经过时了。他们要什么？他们要的就是权力！

于是，有些公司在普通的职位前加上诸如"senior"〔高级〕、"executive"〔执行〕这样的字眼，创造出层级更多的职业阶梯，让他们一步步登上去，感觉特别有权力。

错了，他们要的不是科层制带来的地位上的权力，他们要的是在自己的一亩三分地上自己做主，他们要"自治"。

在《驱动力》中，作者丹尼尔·平克将"个人自治"概括为以下四个方面：做什么、什么时候做、怎样做、和谁做。

⊙ 做什么

被动接受任务让他感到疲劳，主动领取任务让他充满活力，效率超高。让"主动请缨"成为团队文化，每个人都可以选择有干劲的工作。如果是公司自上而下派三个任务给员工，那么他不会去实现第四个目标。

我曾问过阿斯利康〔AstraZeneca〕的员工，这家公司哪里最吸引你。他说："工作三年后，我们可以申请调至内部其他职位，只要被录取，不需要原部门上司的同意，就可以直接被调岗。"阿斯利康是一家跨国大公司，有很多海外的项目在平台上公布，员工如果认为自己可以胜任，并且有兴趣，他会在平台上申请，有同事在世界任何地方通过线上面试他。公司因此吸引并留下了最能干的员工。

"90后"不是最爱玩儿的一群人吗？你发现了吗？如果是工作，他们很容易疲惫，如果是玩儿，他们越玩儿越有劲儿。如果是别人规定要做什么，是工作；如果是自己规定要做什么，是玩儿。神奇的切换，就这么简单。

◉ 什么时候做

允许他为诸多工作任务自己来排列优先级。这一点在IT、研发、人力资源、财务等职能部门比较容易做到，在业务部门则有难度，因为业务部门的工作任务直接服务于企业的战略，战略的轻重缓急，直接决定他们的工作任务的轻重缓急。但是，哪怕在业务部门，如果员工能够为自己的日常工作排序，也很好。

每个人的精力会有波动。你并不知道他的精力高峰出现在哪段时间，你也不知道他什么时候已经精力枯竭。精力管理这件事情，只能靠他自己。

有一位企业管理者回忆他和下属的一次互动："当时我要求他周五把PPT做出来，我需要检查一下，这样我好下周一向上汇报。结果他告诉我周五要请假，女朋友生病了。我很生气。后来我想了想，让他周五做，是为了让我方便。何不让他方便一次？于是我答应他，只要周日上午前交给我即可。结果他周六就做出来了，质量很高，不需要我做任何改动。"

⊙ 怎样做

只要有了 SMART 的衡量标准（Specific 明确、Measurable 可衡量、Attainable 可达成、Relevant 相关的、Time-based 有时限），怎样达成这个标准，具体怎么做，可以让他决定。

有的服务性企业为了保证优质服务，对服务进行了流程化和制度化，比如有的美容店规定发型师和顾客聊天的时长，有的餐馆规定了服务员多长时间给客人换一次热毛巾，有的火锅店规定不能让客人自己捞菜等。当服务流程化、制度化之后，就变味了。因为让客户满意的智慧无法流程化，它需要创造性的解决方案。就像有的公司要求客服人员用标准话术像机器人一样答话，经常会激怒本就不理性的客户。后来他们发现，将解决问题的自主权给客服，反而能让纠缠时间减少，问题迅速降级，并节约服务成本。

用华为的那句著名的话："让听得到炮火的人做决策。"你有没有给年轻人进行试验和探索各种可能性的空间？

◎ 和谁做

组织的发展趋势是：团队结构更宽松，更具流动性。

小米科技、美的相继推出合伙人制，让组织机构越来越扁平。大家不需要固定在自己的岗位范围，能灵活地和他人组成团队完成某个项目。还有不少公司打破了按流程分工的旧例，转而以任务为单位，比如华为的"铁三角"小团队、三人小组。原来是一个客户经理应对一个客户，现在变成三人小组——客户经理、解决方案专家、交付专家，三人熟悉彼此，紧密协作，一起为客户服务。这比原来的由客户经理接触客户，然后走流程呼叫后方，要省力得多。

以上四方面的自治，哪怕就给员工一个方面，他也很满足了。

◎ 权力带来创造力

海底捞是出名的大胆授权，每个店长有三万元的签字权，更难得的是，他们的授权给了基层的服务员，如果基层服务员没有足够的资源和权力来处理复杂的状况，他们总是成为默默受气的一群人，会身心俱疲。在海底捞，每个服务员都有免餐的权力。乍一听很吓人，但在授权之下，员工感受到了幸福。

海底捞有很多"权力带来创造力"的例子，《海底捞你学不会》里记录了：包丹设计了保护手机的塑料套，冯伯英发明了豆花架，蒋恩伯发明了方便上菜的万能架，曾长河发明了小酒精炉，李力安发明了小孩的隔热碗，陈刚发明了切割豆花的工具，等等。

设想这些细节问题如果发生在没有授权的公司，它们能否得到顺利解决，通常取决于两个环节：一、员工有没有机会将末梢的信息及时上报给领导；二、领导百忙之中有没有时间来认真考虑怎样解决。于是，我们看到的经常发生的情况是：员工因为要上报走流程，错过了解决问题的最好时机；对于不是那么紧急的问题，领导层知道了，但他总是有更紧急、更重要的事情，于是这个问题被搁在了一边。

而在海底捞，员工有自己解决问题的权力，一有灵感，立刻执行。作者黄铁鹰的感受是，当一万个脑袋天天都在想事情的时候，哪有同行能比得过他们。

我还听过不少"因为员工有权力即时处理而避免危机"的例子。有位销售人员发现有竞争对手在抢自己的客户，他立刻给这位客户送去足够的存货，让他用多少付多少款，没用完随时可退回。有位行政秘书发现对方公司负责人是犹太人，她紧急撤回所有印了圣诞标志的新年礼物，并补上新的精美礼品。

年轻人要的不仅是把头发染成绿色，戴耳钉穿破洞牛仔裤，或者带狗来上班，还有公司相信他，并尊重他，为他创造各种条件，让他行使他的权力。

彼得·德鲁克说："知识工作者决定自己的工作内容及其结果非常必要，这是因为他们必须自主。工作者应该仔细思考他们的工作规划，并按照这个规划执行。我应该关注哪个地方？我负责的事情应该有怎样的结果？最后期限应该是什么时候？"所有成年人都讨厌被过度管理、被微管理。尤其是对于高能力、高意愿的员工，应该毫不犹豫地授权。他们是最好的员工。也只有靠授权，才能把这些最好的员工留下。

我成了一个
24 小时待命的消防员

> 假如我要写一本书，我就写阿里巴巴的一千零一个错误。
>
> ——马云

美国有位女性企业家克里斯汀·哈迪德（Kristen Hadeed），她经营的保洁公司雇用的都是千禧一代的学生。她在不同场合讲过一个"牧羊人派"的故事。

她过去曾是典型的"直升机领导"，大事小事都参与。

有一次她上了飞机后，手机振动，是下属发来的信息："牧羊人派，尽快回话！"

她心中一惊。"牧羊人派"是一个代码，暗示出现了可怕的问题。

她觉得必须下飞机，马上！

可是来不及了，就连回个电话都来不及了。

飞机起飞，她紧张、无奈，抓着呕吐袋度过整个行程。

飞机降落后，她第一时间打开手机。一条条短信是：

"牧羊人派。"

"现在需要你。"

"一切都好了。"

"我们搞定了！"还加了一个大大的笑脸。

她惊讶地发现，原来下属并不需要她，根本不需要。他们能自己找到解决问题的办法。从此以后，她的管理方式发生转变，不是直接指导员工，而是引导员工获得自我解决问题的技能，让他们学会信任自己，为自己骄傲。

事必躬亲的领导是失败的领导。如果你习惯"救火"，"火灾"会发生得越来越多。让他们学会自己"救火"，一来获得训练机会，二来成功"灭火"后，他们会获得自信。

◉ 允许犯错，给他成长的权利

有活力的公司会鼓励员工不断尝试、尝试、再尝试。每一次已经做过的尝试，都会被后一次尝试调整、校正。如果要让员工真正获得成长，就应该提供一个他可以安心犯错的空间。

　　我曾就读于美国马里兰大学的教育学院，读的这个专业在全美排名很靠前，我的学习压力很大。作为国际学生，论阅读速度，我和美国同学根本不在同一个水准上，美国同学一目十行，而我永远也看不完每周的阅读资料，有些资料我根本就理解错了。导师总是鼓励我："我们学院的评价标准是，出了错没有关系，只要你这一次比上一次好，你就是优秀的学生。"半年过去了，我终于摸索出了一些学习方法，力求每一次的作业都有新的进步。两年后毕业时，我的成绩是全 A，在校期间我每年都获得奖学金。我非常感谢学校给了我足够宽容的成长空间，让我迈出了舒适区，一次次超越自己。

　　在一个人的成长道路上，有些错误是一定要犯的，而且越早越好。平安集团的入职周期从 30 到 40 天缩短为 3 到 4 天，为的就是让年轻人早些在工作实践中摸爬滚打，获得快速成长。

　　犯错越多，成长得越快。每次新玩具买回来后，我还在那儿看说明书呢，我的两个儿子就七手八脚地拼装好了。他们可不是偶然幸运拼好的，也不是凭着聪明劲儿拼好的，他们在我看说明书的时候，已经错了好几次了。要成功，还是硅谷的那句话："Fail fast，fail often."（快速失败，经常失败。）

成功的管理者不怕员工犯错，并且他会想方设法地提高错误回报率。比如，当年轻人犯错后，你不批评他，而是送他一本《清单革命》（*The Checklist Manifesto: How to Get Things Right*），让他从此学会用清单来规避重大失误，这不仅捍卫了他的自尊心，也提高了他的学习能力。

西贝莜面村有红冰箱工作法。每家店都有一个大红冰箱，当日被投诉的菜品都会放进去，下班后员工对着这些菜，用五个步骤复盘：暴露问题、界定问题、寻找原因、持续改善、员工成长。最后一个步骤最重要——员工成长。所以，西贝莜面村的政策是："天大的错不罚款。"员工就有了心理安全感，心理安全感会带来归属感。

但对错误容忍度低的公司，会让员工受罚，有些员工甚至逐渐被边缘化。这样员工可能会得"虚假事实综合征"——"我知道你要批评我，你总是批评我，所以我只告诉你我认为你想听到的，我不会自找麻烦。"其实，如果员工说真话，我们更容易看到问题背后的问题。

◉ 管理者有选择地救火

管理者是服务者和后勤支持者，他经常处于被呼唤、被需要的状态。如果每个问题他都上前帮员工解决，时间精力很快会被耗尽。管理者不应该 24 小时待命。

判断该不该出手帮员工解决问题有一个标准：帮他搞定这件事情的收益，高过不作为而带来的损耗。如果是低价值的请求，你大可不必出手相助，因为你有更重要的事情需要考虑。

如果上面这个标准不够清晰，我用美国政治家和社会活动家威廉·科恩（William Cohen）的说法来做补充，只有遇到以下四种情况，你才出手帮忙：

这个问题涉及组织的领导和管理；

你拥有解决问题所需要的独特的专业知识、技能或经验；

情况紧急，而且你解决得了；

你的下属思路卡住了。

这些时候，他在溺水，你的帮助是他的救生素。你要身先士卒，毫不犹豫地冲在前面。如果你怕制造麻烦或承担后果，因而保持低调，没有作为，那就是徒有虚名了。这四种情况以外的其他时候，就放手吧，埃里克森原则中有一条非常有道理："人们内在已经拥有成功所需的一切资源。"

◉ 比"纠错"更重要的是"追求理想"

每次"火灾"之后，你都要对他进行辅导。辅导的重心不能仅仅局限在"补救价值"，而应该把目光放得更长远。

所谓补救价值（ameliorative value），就是解决某个问题，补救某个缺陷，比如商品物流发生意外，或某个操作不合规矩，或漏掉了执行清单上的某一步等。麻省理工学院语言学和哲学系教授指出，这类补救工作带来的满足感有限，因为最好的结果不过就是纠正了错误，没有什么更积极的东西出现。

凯斯西储大学的研究也有同样的发现。当老师辅导学生时，如果把辅导重点放在他们未实现的目标或没解决好的问题上，他们会感到内疚不安。相反，如果把个人梦想和实现梦想的方法作为重点来辅导，则会产生积极情绪，让被辅导者感受到鼓舞和体贴。他们做的神经影像图证明了这个观点。

如下表，补救价值、纠正错误的思维，是"恢复原状"；但是，为了不让自我认知被过去所禁锢，我们要鼓舞他去"追求梦想"，看到他未来的潜能。

恢复原状	追求理想
这件事情的失败让我发现自己不擅长交际	我怎样做可以提高交际本领?
他真是厉害,比我强	我可以学习他的哪些方面?
他们把这个公司搞砸了,我决不能步其后尘	我怎样可以规避他们的失败?
几年前我做的这个错误决定还在影响我的人生	几年前我做的这个错误决定还有机会校正过来吗?
走到今天不容易,要珍惜珍惜再珍惜	今天的成功只是热身,好戏在后头
我信赖了一个不值得信赖的人,我真是蠢得可以	以后我怎样做到正确选择可信赖的伙伴?

◉ 提高系统抗风险能力

如果你问,如果我不去"救火",万一出大事了怎么办?

不去"救火",并不意味着缺席。值得你全程高度关注的事情,是建立一个抗风险能力高的系统,这个系统符合保金斯基三原则:在可控、低成本的情况下,尽可能多地试错。这个系统一方面给员工留了足够的空间,去思考新方法,尝试新方法；另一方面，不会让个人的失误毁灭整个团队。

我给你一些建议。

你可以从小项目、轻任务开始，比如推进一次会议、发起一次活动、搞定一个难缠的客户。在这些小规模、低风险的事情上你坚决不"救火"。然后一次次加大放手的力度，给员工更大的挑战、有分量的任务。

每次任务完成以后，留些时间复盘。就像美国海军陆战队的训练基地里，每次训练后，他们会详细总结经验和教训。

提前找出可能会踩的坑。比如创办太空探索技术公司（SpaceX）和特斯拉公司的埃隆·马斯克（Elon Musk）做火箭实验，他专门列出了 10 项最大的失败风险。

如果你担心他责任心或能力不够，可以给他搭配一个能力很强的同事，并私下里嘱咐这位同事，要关照好。这样的嘱托，会让这位能力很强的同事觉得自己深孚众望，也会让责任心和能力欠缺的那位同事看到真正的优秀。

将系统的各个节点抖抖松，也就是说，阶段与阶段之间的截止日期之间要留出一些富余区间，以防万一。

让整个系统的信息尽量透明，当某次"小火灾"就要变成"大火灾"时，大家都能看到，能及时相助以止损。

只要能学到知识，犯错并不是那么不堪忍受。诸葛亮说："善败者不亡。"允许员工犯错，让他自己救火，鼓舞他追求理想，提供一个抗风险能力高的系统让他放心地成长，你做每一件事情的背后，都是在培养人才。年轻人不仅有服务公司的义务，更有成长的权利。

这就是从"资"本主义到"人"本主义，从短期的"要结果"到长期的"培育人"。

一直为他疯狂打 call，
可他的破坏力实在太大

> 公司崇尚的是严格的文化，而不是冷酷无情的文化，这两
> 点有着天壤之别。
>
> ——吉姆·柯林斯（Jim Collins） 管理专家

他居然粗心到把公司内部的邮件误发给了客户，撤也撤不回来。

说实话，他不是第一次制造麻烦了。上次是投标书里少写个零，硬是害公司丢掉一个好机会。你平日里一直给他鼓励，给足了温暖和表扬，看来不管用啊。那这次是不是该给他点颜色看看了？

持续开放的反馈交流，是管理者的一项日常工作。领导到底应当如何给员工反馈呢？

一方面，职场需要绝对坦率，如果领导每次都说："做

得好""不错",既空洞,也无助于员工的个人成长。记得有一次我作为主讲嘉宾在奔驰做活动,现场拍了很多照片,后来我发现很多照片上我的假睫毛是半吊在眼皮上的,一定是胶水松落了,现场居然没有人告诉我,唉!如果你是位男士,在重要的会议上做了发言后,发现自己裤子的拉链没拉,是不是也会郁闷:"怎么没人告诉我?!"员工的工作表现曲线有高有低,当他处于低点时,他需要来自领导的诚实的反馈。

另一方面,"90后"又是一个高度敏感、高度自尊的人群,所以,你还要在做到有话实说的同时,不有话直说,也就是,你的话要精心处理过再说。

⊙ 反馈万用公式: FBI

首先向你介绍一个反馈万用公式 FBI,这是美国一家保洁公司的创始人克里斯汀·哈迪德推荐的,她的员工全是千禧一代,她的管理方法让公司走向了成功。

FBI,指的是 feeling,behavior,impact。

Feeling:诚恳地告知对方我的情绪,但不是做情绪化表达。

Behavior：描述对方的行为，注意，不对行为做猜测性的解读。

Impact：这个行为造成的影响，可以是正面影响，也可以是负面影响。

表扬时用 FBI，能带出细节，显得具体真实；批评时用 FBI，子弹射向的那个靶子不是人，而是事件，能弱化冲突。

举个例子，你正在排队时，遇见加塞儿的，你说："你插什么插！"不如说："我觉得不公平欸，我们都是按队伍走的，您突然插进来，如果都这样，那大家早就挤成一团了。"

我们开篇的那个事件如果用 FBI 公式，你给出的反馈是："我现在很着急，你误发给他的邮件里有很多敏感信息，这可能会让他重新思考和我们的合作条款。"或者："我现在很担心，你最近的失误行为全都是本可以避免的。这些失误将你自己和团队之前的努力付之一炬了。"

接下来，你带着他一起分析这个错误，从错误中找教训。就像医院每周一次的主治医师例会，除了讨论典型病例，还有一个重要的作用，就是通过学习"错误"，提高对"错误"的识别能力和防范能力。

不要问："你为什么连这样的低级错误也会犯？"

你应该问："这事儿是怎么发生的？"

不要问："你脑瓜子不想事儿吗？"

你应该问："跟我说说你当时怎么想的？"

从这儿开始，你要用我们介绍的开放式问题线，引导他自己找出不重蹈覆辙的方法。这种以他为中心的谈话方式，始终强调他的重要性，保护了他的自尊心。

尤其注意，负面反馈最好由上级给下级。有一家公司，会议室里大家讨论到一半就失控了。他们鼓励同僚之间互相给负面反馈。这非常危险，甚至可能造成团队分裂。哪怕没有当场失控，当某人收到同僚的负面反馈后，他就会试图远离给出这类反馈的同事，从这个社交网络中消失，去寻找新的关系，建立新的社交网。这种竭尽全力抵消负面反馈的现象叫作"购买肯定"（shopping for confirmation）。

同样，FBI 公式可以用在表扬上。比如对待孩子，一句话："你好棒！"太虚了。你可以说："我为你骄傲。本来你画得不顺利，换了一个你自己想画的主题后，你表达得很到位。看来只要是自己心中有想画的对象，就一定能把它实现在纸上。"

好，批评和表扬的话语我们都学会了，并且知道要当众表扬，私下批评。那该多批评，还是该多表扬呢？

⦿ 正面反馈：负面反馈 =5：3

社交媒体只有点赞，没有点踢，这迅速提高了一个人的自恋程度。

有年轻人抱怨："我在努力推进项目，哪知领导不但不表扬我，还说我速度慢。"他们的期待是，不断获得肯定，被一股永远向上的力量牵引。西方社会把整个千禧一代都称作参与一代，比赛只要参与了，就能拿到"参与奖"（participation trophy）。

所以，建议你把更多的精力放在他的"高光时刻"。用达拉斯独行侠队的传奇教练汤姆·兰德里（Tom Landry）的宝典——寻找并创造精彩回放时刻。

在为比赛复盘时，大多数教练的思维是，好好找找失分的原因。而兰德里认为，错误的方式有无数种，但对于一位选手来说，正确的方法是确定不变的。教练的作用就是，帮他找到这个正确的方法，有意识地重复、规律性地强化。所以，他们队只回放获胜的比赛。

"90后"不靠管，靠惯。不管他们的短处，而惯好他们的长处。盯着他们的短处，他们会在屈辱挣扎中努力做一个合格的员工，而盯着他们的长处，他们会在自由崛起中成为一个优秀的人。

所以，管理者设置罚款、降职、降薪，不如设置奖金、英雄榜。哪怕只是小额奖金，也尽可能公开发放，去鼓励他的小进步。比如主动帮助同事学习使用某个新软件，当大家看到这样的小动作也受到了关注，会觉得自己进入关注圈很有希望，"没准儿明天就是我呢"。

羞辱会带来退缩、放弃。鼓励会带来奋发图强，提供从优秀到卓越的动力。

当然，管理者不能只做啦啦队队长，负面反馈能给员工提供做出改进的机会。即使我们都认同负面反馈是必要的，但在员工那里负面反馈也属于一种威胁。那么，要让负面反馈真正起作用的前提是消除威胁感，也就是你要先提供更深度、更广泛的正面反馈。"他是爱我的，所以他会批评我。"这就是正面反馈和负面反馈的比值要保持在 5 ∶ 3 的背后逻辑。

◉ 把洗牙式反馈变成刷牙式反馈

网络带来的两大冲击：效率、即时。朋友圈中一旦有人爆料，社交网络会提供非常快的反馈。QQ 最新的广告语是"我想要的，现在就要，因为，我，不耐烦。"

"90 后"崇尚速度。他们创造了小步快跑的时代，在这个时代里，快速做出一件成品比耗费大量时间做出一件完美的作品更有意义，最好的学习在路上。

于是我们已经看到了一个趋势，从过去耗时长的自上而下的纸质版考核转化成现在利用即时反馈的应用软件进行考核。哪怕你们公司没有这样的软件，加大反馈频率也一样奏效。斯坦福医疗中心进行的研究表明，每周进行一次简单交流的团队指导，和每个月交流一次的指导相比，员工敬业度平均增加 21%。

有些公司已经取消一年一次的绩效评估，因为它不仅耗时耗力，而且有严重的滞后性。有员工抱怨："这个事情都发生半年了，还有必要花半小时谈吗？"有主管抱怨："因为年度绩效评估和奖金挂钩，这吸引了他们过度的关注，导致他不愿意为了未来而提升技能。"当领导和员工都想利用这个制度牟利时，这个制度就应该被淘汰。

10 年前，通用电气公司（General Electric Company）放弃了排名系统。最近，他们取消了年度业绩评估。他们的首席学习官说："年度绩效评估是在不自在的地方的不自然的行为。"

如果你们公司仍在做年度绩效评估，那不妨把它看作洗牙。千万不能因为会洗牙，而放弃刷牙。对组织健康来讲，更重要的是刷牙。管理是持之以恒的，不是一年一度的。

当你看见他成功地说服了客户，或者顺利地解决了工作中的问题，或者递交了一份成熟的报告，你马上赞赏鼓励，并带着他自豪地回顾，这些成绩是怎样取得的。奖励得越快，激励效果越好。如果他是年中超出指标完成了任务，不能让他等到年底才拿到奖金。

健康的上下级关系中，没有信息黑洞。根据金·斯科特在《绝对坦率：一种新的管理哲学》中的建议，要让下属知道他们的工作效果。假设他为某次会议准备了PPT，而他又没有到场，你也要让他知道大家对于PPT的反应。

有些公司设置了一面时时更新的可视化感谢墙。这面感谢墙上专门展示的是定性的反馈，而不是定量的评估。强制性排名、打分数的方式，会让员工有戒备心态。罗伯特·博世有限公司（Bosch）的员工告诉我，他的工作中有40%是非量化的部分，而他认为自己成长最多的就来自这部分。

有一位同事在组织VIP客户参观工厂时，看到大巴司机因为和某个客户一言不合，闹罢工。他主动伸出援手，费九牛二虎之力，动用自己的人脉，从离得最近的旅游公司紧急调派了一辆大巴，化解了这次灾难。这个事件在感谢墙上大放异彩。如果放到别家公司，可能领导并不会关注。如果团队里发生的大大小小雪中送炭的事件被忽略，如果员工的额外付出变成了隐形奉献，他们会停止奉献。

◉ 个性化的激励才是真正的激励

免费的加班餐、丰盛的下午茶点心、办公区域摆放的乒乓球桌，这些并不是真正的激励，甚至被称作廉价的激励。真正的激励是，公司尊重员工的个性化需求。比如，需要接孩子的员工，可以提前下班；家人生病的员工，可以休假；难得花时间陪家人的员工，可以在某次出差时带上家人，或缩短出差时间；喜欢滑雪的员工可以在冬季享有更长的假期等。

有一个管理者发现某个员工疲惫不堪时，不是加大对他的监控，而是按照刚刚介绍的 FBI 公式，和他做了一次坦率的反馈。在谈话结束之后，他干脆让这位员工休假一周，释放疲惫，让多巴胺水平回升。员工一周后回来，果然恢复了状态，有了更多的工作动力和创造力。

如果一位女性员工表现出色，公司送上一大束鲜花，会让她喜滋滋。如果一位男性员工做出了成绩，大家起立为他鼓掌，会让他斗志昂扬。

有的员工喜欢聚光灯，喜欢演讲，激励他的方式是让他在员工大会上发言；有的员工很低调，对他的激励是称他为专家，在众说纷纭的时候，给他的说法赋予权威；有的员工通勤时间很长，对他的激励是订专车接送他上下班。有的员工十分重视和领导建立联系，那么领导一封亲笔感谢信或邀请他共进晚餐，就是最好的激励；我还听说有的公司会赠送优秀员工个人漫画或高端形象设计服务。

或者，有的公司干脆直接问："想让我怎样奖励你？"

我很认同帕特里克·兰西奥尼提出烂工作的三个迹象：无衡量、默默无闻、无意义。相应地，在一份让人期待的工作中，领导会坦诚地、尊重地、即时地、个性化地给出反馈，对员工做出贡献表达感激，为他的工作赋予重要意义，为他的成长提供支持。衡量领导力的标准之一是，你是否擅长做好关键的反馈。用美国人力资源专家保罗·法尔科内（Paul Falcone）的话来说："尊重人性，是回避阻力最短的路径。"

油瓶倒了，
他们也不扶

> 打碎他，重塑他，这个事儿不是我来做，让他的同级来做。
>
> ——腾讯某高管

明天就放国庆长假了，物流环节突然出现问题，无法按时到货。这会影响整个项目的完成。

他手头还有一堆工作没完成，今天是最后一个工作日，他没有优先选择处理这个危机，而是慢悠悠地先去做别的事情，下午才来处理这个危机。

结果事情的难度超出了他的处理能力。这个危机导致项目失败。

你很生气，怎么油瓶倒了都不会过去扶起来？

明星文化、网红经济，导致年轻人对自我价值有着不切实际的夸大。在认知偏差的影响下，他们容易眼高手低，高估自己。在上面的故事里，他可能盲目自信了，以为这个危机可以四两拨千斤地给解决。年轻人的盲目自信会产生一种没有基础的自大，而这种自大，又可能会助长停滞不前，甚至懒惰。

这毛病得治。怎么治呢？你是对他进行无情打压，还是对他做打鸡血式的激励？都不管用。组织管控上的凶悍打法，不符合"90后"的审美。就像鲁迅说的那样，青年有睡着的，玩儿着的，还有醒着的。我们找到那些醒着的青年，请他们把睡着的、玩儿着的青年唤醒。

◎ 用优秀的同级来唤醒他

用一位腾讯集团高管的话来说："打碎他，重塑他，这个事儿不是我来做，让他的同级来做。"

如果你面对的是一个眼高手低的名校毕业生，你要找一个非211院校毕业的优秀同级。他在合作中会看到职场真相：学术成绩和职场成就，根本就是两回事。职场和考场，运行的是两套不一样的逻辑。

如果你面对的是一个自恃才高、个性乖张的年轻人，你要找一个同样有个性，同时能力上无法被取代的同级和他搭档。用韩寒的话说："在这个社会里，嚣张的人必定有自己的绝活，因为没绝活的人，嚣张一次基本上就挂掉了。"

当你面对一个只会循规蹈矩，不肯向前迈出半步的年轻人，你要找到一个用新思路解决老问题的同级，以此揭示职场真相：回答好问题不算好，真正的好是问出好问题。

或者，行业内的高手在哪里？精通互联网技术的高手在腾讯、百度，精通金融证券的高手在四大会计师事务所，精通物流的高手在顺丰、京东。你可以组织年轻人去那些企业见识见识。

中国广核集团有限公司的一位管理者分享过这样的经验：他团队里有个年轻人很聪明，对公司办公系统里的一套新软件一学就会，他立刻给这个年轻人提供一个舞台，每天固定时段5：30—6：00，让他集中帮助大家解决系统过渡时期的所有问题，并为此加给他一个荣誉职位。他说："在团队里根本不需要批评，只需要用某些高水平人才的高水平展示，就让一些人立刻知道了自己与他们之间的差距。"

携程的人力资源经理告诉我，他最爱用"年轻人在本企业成功"的故事去激励年轻人。他经常讲述的一个故事是，一名普通客服人员，从事的是最烦琐而痛苦的基层工作。然而他基于对工作的观察，大胆提议把供应商名单链接内嵌到携程系统中，以节约来回确认的成本，还可以为交易留下记录，他因此获奖金35万元。另一个年轻人的故事更为传奇，他建议携程增加代售火车票的业务，并递交了详细的方案，因此获奖金1500万元，后来成为副总裁。

这就是换一个姿势"推动"他，找优秀同级来"推动"他。

⊙ 用团队协作来激励他

第一种是比赛式协作。

保罗·法尔科内建议过这种方法：建立季度成就日历。让大家用Excel表格制作所有人都能访问的文档，记录他们目前进行的工作项目、即将到来的里程碑式节点、项目最后期限、完成的进度。"看看我有多努力""哇，他很拼的哦，时间还没过半，就完成近2/3了"。领导经常在某个员工的某个里程碑式节点上，来一次公开庆祝。

阿里集团的钉钉App里，有个考勤打卡，全公司都能看见上班最早的前10名同事。还有钉钉运动的功能，有个人运动量排名和部门运动量排名。

有的公司发布英雄帖，召集高手一起解决某个难题。

有的公司办点子周报，收集工作中想到的好点子，评审并奖励想出好点子的员工。

每个阶段提出每个阶段的挑战，比如"哪些是客户想要，但是我们还没有提供的？""怎样降低退货率？"当不同部门、不同职位的个体为完成这些挑战共同思考时，容易达成团队协同，因为挑战本身就是目标。某个阶段的目标协同了，成员会纷纷响应。尤其是当解决方案公布后，有人会请缨。比如，降低退货率的方法是提高售后人员的处理紧急事件的能力，这时售后部和培训部的人可能会主动站出来。当大家都能从全局出发来规划工作时，协作自然而然就产生了。

第二种是连接式协作。

让团队成员一起写一本书。这本书的内容可以是心路历程，可以是经验总结，也可以是部门趣事。出版这本书，虽然公司需要付出一些费用，但这笔投资回报极大。书面文字比口头交流更深切、真挚。当这本书被员工作为礼物赠予家人朋友时，他们会为此自豪。

沃尔玛的创始人山姆·沃尔顿（Sam Walton）发明的联合工作会（joint practice session）被称作协同作战利器，被沃尔玛百货有限公司（Wal-Mart）、苹果公司（Apple Inc.）、美国福特汽车公司（Ford Motor Company）广泛采用。这种会议不是下层向上层的纵向汇报，或上层对下层的纵向部署，而是将各个不同部门的负责人召集起来，解决公司层面上的某一个问题，是横向交流探讨的会议。

有了团队协作，个人一定会受到督促。这一点我们可以从小额贷款银行如何帮助穷人的事例上寻找启发。过去穷人贷款难，因为违约率高，他们生活中经常遭遇突发事件，导致最后还不上款。后来，孟加拉国的经济学家穆罕默德·尤努斯（Muhammad Yunus）创办了小额贷款银行，并要求几个借款人形成一个互助小组，大家互相通报生意进度，互相支持，并共同承担债务的连带责任。在这种熟人带来的压力下，借款人的违约率大大降低。

一个有意思的观察是，如果互助小组是每个月见面，而不是每周见面，违约率就又上升了。

周掌柜咨询的合伙人宋欣曾观察到："不同于'70后''80后'经济扩张期出生人群的社交扩展偏好，'90后'更倾向于在价值观认同的小圈子充分互动，体现个性趣味。""小"和"充分"是关键词。联系紧密的小的协作团队，能有效督促个人。

如果年轻人已经具备了专业技能和经验，怎样让他不断精进呢？有些公司在尝试逆向导师制。

⊙ 逆向导师制让优秀的年轻人更优秀

用逆向导师制激励他，让他有机会把知识分享给"70后""80后"。这种方式在思科系统公司取得了巨大成功。影响力不是自上而下传播，而是反向传播。随着行业经验和技术更新速度越来越快，这种反方向的教导传递了源源不断的活力。

逆向导师制和传统导师制在设置上是一样的，都是让导师和学徒一一对接。传统导师制的受益者是学徒（"90后"），而逆向导师制最大的优点是导师（"90后"）和学徒（"70后""80后"）都能从中受益。

思科系统公司的卡洛斯·多明戈斯认为："在逆向导师制中，如果进展顺利，那么无法确认哪一方收获更大，因为他们得到的都是十分重要的东西。"高管学到最新的趋势和技术，了解了千禧一代的价值观；年轻员工接触到职位相当高的公司高管，他们也获得一次价值无法估量的教育。

不管你们公司是否建立了正式的逆向导师制，卡洛斯这个日常习惯值得值得你借鉴："我经常看到他们登录脸书、推特或者品趣志，然后问'你们在做什么？'他们就会让我坐下来看他们演示。"或者，你还可以尝试让员工带新人。

"90后"需要自我管理，而不是听别人的指令。他们的能量只来自内驱力。当他自我认知失实的时候，我们希望他有谦卑之心，跳出幻觉。打碎和重塑他的不应该是你，而是他的同级。

他在网上
吐槽公司

> 职场上会产生大量的痛苦，却几乎没有释放的渠道。
>
> **——彼得·弗罗斯特**（Peter Frost）
> **不列颠哥伦比亚大学商学院教授**

你有没有这样的下属？他在公司受了气，跑到网上一吐为快。这些又骄纵又情绪化的"90 后"！

他们到底在做什么？也许他发出反对的声音，只是想从制度体系中逃脱出来。其实，你在应对他迟来的叛逆期。我们都经历过这种叛逆期，只是时间早晚不同而已。

也许他们纯粹地在自我表达。"90 后"是玩视频、玩直播的一代，他们在互联网的辅助下，时刻准备着做最充分的表达。他们不善于互动，但善于自我表达。他们成长的时代，史无前例地在鼓励自我表达：点击、评论、分享、点赞。

为什么他们面对你避而不谈？你对质疑是否有过消极反应？比如公然愤怒，或无情压制，或不屑一顾？

你有没有过"隐形的"消极反应？最常见的就是所谓的"带着答案来谈问题，带着建议来提批评"的文化。

你每次都说："你们提出问题的时候，一定要带着解决方案。"天啊，有的问题真的很复杂，怎么可能很容易就有方案。

或者，你经常说："你的想法很好，要不你负责这一块？"这时候如果员工推脱，不是打你的耳光吗？

强烈的情绪是工作生活不可避免的产物，这既包括强烈的正面情绪，也包括强烈的负面情绪。彼得·弗罗斯特将应对员工的负面情绪称作"处理毒物"（toxic handling），所有公司都要有主动处理毒物的勇气，所有管理者都要有处理毒物的技能。

接下来，我们探讨一下怎样从以下三方面来对毒物做主动处理。

◉ 从管理者个人的角度，用高超的倾听技术来处理毒物

和满腹牢骚的员工进行一对一的对话，这需要勇气。

你在怨恨之火被煽动起来之前，将他邀请来谈话。在这次沟通互动中，你的主要任务是倾听，不要去纠正，或教育。

如何倾听？这就有讲究了。向你介绍阿什里奇商学院采用的倾听训练方法，从三个层面倾听。

事实层面：收集信息，询问更多事实，同时也带着他去了解全貌。

"这件令你不愉快的事情目前发展到了什么状态呢？"

"可不可以和我说说，你是怎样发现他人品不好的？"

"其他同事对这件事情是怎样评价的？"

情感层面：观察他的情绪，捕捉他表示情绪的词，在延展谈话的过程中回应，表示完全理解。

"所以你觉得不公平，对吧？"

"如果我是你，我听了他的话也会生气。"

"可以想象，你当时多么失望。"

直觉层面：用你敏锐的潜意识，去探究他没说出来的场景、观点、情绪，小心地验证。为了缓和语气，可以用比喻或描述画面的方式。

"当时你们在邮件里都言辞激烈，像放炮一样吧？"

"他得罪了这个大客户，可能让你下半年工作都战战兢兢、如履薄冰吧？"

"我猜你从今年年初领到任务起，就一直不高兴了？"

这三个层面的倾听，是一种很小心的倾听。它可以帮助你缓和冲突，在情绪上管理好团队。

⊙ 从团队的角度，用力场分析法鼓励大家绝对坦率

当团队成员在一起讨论问题时，最让你头疼的是那些唱反调的刺头，他们制造的噪声超过他们带来的专业知识。那么，你不如在一开始就提供一个合法渠道，让他们释放掉负面情绪。因为憋着没有说出来的话，也会通过行动体现出来。

向你推荐力场分析法。让他们先释放掉负面情绪，更快地投入到理性的讨论中来。这个方法如果用得好，不仅能提供消极情绪的出口，更重要的是，还能提供积极能量的入口。

力场分析法就是，将议题写在一张纸最上端的中间，左右各设计出逻辑相对应的一栏，让大家填空。其中一栏，就是让他吐槽的。

比如，讨论"公司被收购后的平稳过渡"这个话题，力场可以设计为"给大家带来的焦虑 vs 给大家带来的喜悦"。

情绪总是比理智来得快。大家诉说完焦虑之后，也就是处理完情绪后，更容易过渡到第二步，理性地探讨如何减缓焦虑。

又比如，回顾一次新年晚会，力场可以设计为"你的低谷体验 vs 你的峰值体验"。

力场分析中积极的那一栏，就是提供能量的入口。当团队士气消沉的时候，你的力场设计可以是"不可控因素 vs 可控因素"，帮助大家找回能量。

比如，我经常在线下带领大家讨论"如何从本土人才升级为全球精英"，力场分析设计为"需要长期努力才能获得提升的能力 vs 短期投入就能产生飞跃的技能"，让学员最大限度地提高课程收益。

使用这个方法的注意事项是：

第一，为了避免变成吐槽大会，措辞很重要，"好的 vs 坏的"，不如写成"需要继续发扬的 vs 需要努力改善的"；另外，将积极的那一栏，设计为占 2/3 的版面，引导大家的思维去填补这个部分的空白，将吐槽模式切换到集体思考模式。

第二，力场一分为二这个动作之后，要搭配后续讨论。比如，客服部讨论"我们怎样减少客户的投诉"，这个力场分析可以是"可控因素 vs 不可控因素"。然后需要讨论"我们怎样把不可控因素的影响力降到最低"。如果在讨论中发生扯皮，马上又一分为二："过去发生的失败 vs 未来可以有的努力。"讨论一次次聚焦，从发散到收敛。

力场分析法，能让毒物在被传播之前就被释放掉。

⊙ 从公司的角度，提供合法吐槽的渠道

我有一次去腾讯上课，正好赶上他们公司里为新员工组织的吐槽大会，领导就坐在台下面。

你听，台上一位年轻小伙儿说："领导今天能参加，是因为他工作不饱和。他工作不饱和，是因为下属工作很饱和。"

领导听了仰头大笑。这种吐槽，好刺激，好有趣。大笑之后，仔细想想，身在职场，谁心中没有一长串的"槽点列表"？哪有完美的企业？把槽点变成笑点，多么欢乐自信的公司。

2019 年新东方的年会上，六名新东方员工表演节目《释放自我》，歌词也是非常拷问灵魂：

"什么独立人格，什么诚信负责，只会为老板的朋友

圈高歌；

干活的累死累活，有成果那又如何，到头来干不过写PPT的；

什么节操品格，什么职业道德，只会为人民币疯狂地高歌。"

俞敏洪之后在微博中说："员工敢于当面 diss〔顶撞〕老板，揭露新东方的问题，值得鼓励……决定给参与创作和演出的员工奖励 12 万元。"

当大家切切实实地看到那些发出反对声音的人都安然无恙，那些大胆当面吐槽的员工还得到了嘉奖，那谁还会选择背后吐苦水呢？

你的公司里有类似的罗马广场吗？是否有鼓励投诉的文化呢？

华为有两个自我批判的平台：《管理优化》报和心声社区。按照任正非的话："有人给公司提意见是公司的幸事。公司是批评不倒的，如果它真好，批判反而有益于健康"。心声社区里吐槽声的尺度大、开放程度高，这和华为对外的低调形成鲜明对比。

我在和平安保险的一位管理者聊天时，他透露，每次有大型项目即将来临时，他会专门成立蓝军队伍，也就是假想敌，专程负责唱反调。他的原话是："如果他们无争议地服从，可能会有危机。"他自己每次在征求员工意见时，都会在本子上认真记录。我相信，领导认真地记笔记这个动作，会给员工留下深刻的印象。

会独立思考的员工很可贵，要珍惜他们。公司只在两种情况下不接受唱反调：他背后有不可告人的秘密；他从不干实事，光唱反调。除此之外，反对的声音是受到欢迎的。格局越大的公司越大度。我们来看看国外公司的做法。

亚马逊公司（Amazon）员工每天在登录公司电脑时，电脑都会闪现一两道这样的询问"你的领导怎么样？""你是否在最近的工作中使用过人力资源经理服务？"等。

丰田汽车公司（Toyota Motor Corporation）的做法是，在车间流水线旁的地板上，画一个红色方框，新员工在结束第一周工作后，被请入方框，说出至少三个流水线上存在的问题。

哈里森金属资本（Harrison Metal）的首席执行官迈克尔·迪林（Michael Dearing）准备了一个橙色箱子，放在公司人流密集的区域，吸引人们往里面投入写着问题的纸条。

在员工大会上，他会当众从箱子里抽出纸条，认真作答。

如果你的公司文化还不至于如此开明，哪怕有渠道，大家也敢想不敢言，那么可以尝试提供匿名的反馈渠道，或者找咨询公司这样的第三方，或者利用网络平台，总之保证反馈是真实的。

如果你所处的公司暂时还没有提供这样的平台，你自己可以设置一些收集吐槽的问题，将这些问题穿插在你和员工的对话中。

"你现在的工作中，有没有根本不重要，并且很耗时的事情？"

"目前团队的工作，有没有优先顺序排错了的？"

"什么事情是你希望我做，但是我没有做的？"

"什么事情是你希望做，但现在公司没给你机会做的？"

"有没有哪位同事耽误了你的工作进程？"

这些问题将帮助你获得与员工对话的机会、深入挖掘问题的机会、改进流程的机会。你们的敌人不是彼此，而是公司里复杂的审批流程，或官僚之风，或其他还不够完善并等着我们一起去完善的地方。

在阐述完我们如何应对吐槽之后，我最后补充两点建议。

第一条建议是公司有意制造一些便于员工在网上传播信息的社交货币，既满足他刷存在感的欲望，又塑造公司的口碑。每家公司都希望有口口相传的好名声，而"90后"又是善于传播、喜欢分享的人群。他们喜欢"晒"。360度无死角地"晒"。哪怕是在发呆打盹，也要"晒"。

比如开展活动时，聘请专业摄影师为员工拍下照片，便于他发朋友圈。比如，以公司的名义赠送他鲜花，鼓励卡写上他的名字和感谢语。有时，一碟创意十足的点心，或吸引眼球的桌摆绿植，或请上门的按摩服务，都会为他们在网络空间中获得一轮实实在在的关注。

第二条建议是，对员工的网上吐槽行为，公司其实不用放在心上。

根据纽约大学斯特恩商学院社会心理学教授乔纳森·海特(Jonathan Haidt)的研究，社交网络奖励了人们夸大的愤怒。表达愤怒，本是公众演讲中的必要手段，这个手段现在被大家滥用在网络空间这个秀场，因为它能更快地引来关注，提升影响力。如今，人到了社交网络，容易戾气冲上头。

　　员工在网上吐槽，他的目标是让信息获得更多分享，从而刷个存在感，他吐槽的目的倒不一定是掀起社会舆论搞垮公司的名声。吐槽人清楚这一点，围观的观众也清楚这一点。艺术家安迪·沃霍尔（Andy Warhol）预言："在未来，每个人都能成为名人 15 分钟。"吐槽中的那家公司，充其量只是个道具。

给他

CHAPTER 3

团队成员四处分散，协作效率低；大家只关注自己
手头的工作，不热衷助人；管理者以诚相待，下属
却一声不吭突然离职。看来在这个舞台上，大家玩
得都不开心了。怎样成就一次精彩的演出呢？舞台
需要背景打光——管理者无须告诉每一位下属"怎
么做"，而要用"为什么做"作为火炬来引领他们；
演员们需要正确的站位——管理者学会必要的引导
技术，鼓励大家健康地碰撞观点；演出需要彼此间
的信任——管理者用智慧平衡规则、处理内外的矛
盾。接着，好戏上场。

舞台

激发头脑创造力

告诉他"怎么做"out 了，
要告诉他"为什么做"

> 知识型员工是不能被管理的。
>
> ——彼得·德鲁克

法国哲学家布莱士·帕斯卡（Blaise Pascal）说"人是一根会思考的芦苇"，站在你面前的这个年轻人，哪怕稚嫩、脆弱、毫不起眼，但他有尊严，他的全部尊严在于思考。

如果你的旧习惯是：为了让任务"正确且高效"地完成，你直接教他怎么做，这会给你一切尽在掌控的错觉。该把掌控感还给"90 后"了。他们是玩网游的一代，在虚拟的世界里，在电子屏幕前，他们手握武器弹药，想灭谁灭谁，简直无所不能。

新时代要求管理者从教条主义中解脱出来，重新架构自己的思维。借用组织行为学思维，把重心从告诉下属"怎么做"，转移到告诉他"为什么做"，告诉他意义，给他舞台，由此设计他的行为。

⊙ 用"为什么"的未来思维驱动他

你每次在描述任务的时候，不要忘记和他探讨一下："我们做这件事的目的是什么？"

"我们需要在月底前完成对所有重要客户的实地拜访。因为要想和客户保持良好的关系，一定频率的面对面交流至关重要。"

当任务艰巨的时候，还要再往前多问一个"为什么"。

比如，一家美国的商学院今年为开拓中国市场决定招收 20 名合格的中国学生。

"为什么要做这件事情呢？"

"为了提高学校在亚洲地区的国际声望。"

"为什么要提高学校在亚洲地区的国际声望？"

"为了构建和传播商业文明。"

第二个"为什么"让人激动，给人使命感，有了使命感，手中的活儿也干得带劲儿。

团队里如果没有人建言，总是领到任务就默默地干，不见得是好事。在过去，年轻人不讲话，可能是"上尊下卑"；而现在，年轻人不讲话可能是"事不关己高高挂起"。因此要用"为什么"的思维驱动他，在团队里鼓励"多问一句为什么"的文化。

⦿ 用"为什么"的意义感褒奖他

"一战"中，美国军事家、陆军五星上将道格拉斯·麦克阿瑟（Douglas MacArthur）制订了一个重要的进攻计划，为了实现进攻，他要征集打头阵的第一个营。他对一位少校说："站在营队的最前方，每一支德国枪都会瞄准你。这是非常危险的举动。假如你这样做了，你将得到杰出服役十字勋章——而且我保证你会得到。"

这是巨大的荣誉。随后麦克阿瑟退后一步，久久打量这位少校。然后再次走向他："我看得出你准备这样做了。那么你现在就能得到杰出服役十字勋章。"他一边说，一边把自己的勋章取下。

毫无悬念，少校带着队伍完成了任务。

领导给出意义，并公开承诺，对于一件绝对有意义的事情，这种精神上的褒奖比物质上的承诺更吸引人。

在马斯洛金字塔中，自下而上一层层分别是"生理需求、安全需求、归属需求、尊重需求、自我实现"。在一个人的成长道路上，他是不是一层层往上走呢？也就是说，先吃饱喝足了，生理舒适了，再追求他人的尊重，并自我实现呢？

不是。这几层其实是同时进行的。

不管他在成长的哪个阶段，每一层的需求他都有，他都要实现。你看看那些去朝圣的藏族朋友，风餐露宿，在基本的生理需求和安全需求都还没有满足的情况下，已经在追求自我实现了。

于是有意思的地方来了。当他和你斤斤计较金字塔下层的需求时，很有可能是金字塔上层的需求没有得到满足。比如他过来和你谈加薪，他真的只是嫌钱不够吗？他真正不满的可能是无法自我实现。如果你无法在"归属需求、尊重需求、自我实现"上满足他，他就只能在金字塔的下层寸"金"必争了。

反过来，当他上层的需求全部得到满足时，他不会眼睛只盯着下层。想想那些无政府组织、跨国界医生、志愿者组织等。

马斯洛金字塔给我们什么启示呢？在达到薪水基准线

后，最厉害的领导，都是在金字塔的顶层和下属们沟通。他们会花足够的时间，向下属解释这个工作的重要性、它在整个组织架构中的意义、它对人的挑战在哪里。这个环节成功后，下属们的行动速度比你想象的快。

◉ 提供舞台，让他闪亮

抖音产品负责人王晓蔚透露，85% 的抖音用户年龄在24 岁以下，多数是"95 后"，甚至"00 后"。年轻人一直是家庭中的焦点，他们在职场上也期待秀一秀。

有一位刚离职的年轻人告诉我，他的离职和薪水高低没有任何关系，"这家公司限制了我能力的发挥，我当然毫不犹豫地离开"。

平安大学为员工提供了一个开放的舞台，大家可以申请在平安大学分享他的经营诀窍或技能。虽然所有的讲师都是无薪酬的，但在公司里的曝光度和获得晋升的机会大大提高。

360 的公司文化是"为'90 后'创造舞台"。后台，有"70 后""80 后"提供技术支持和经验指导，舞台上，是"90 后"发挥想象、尝试操作的空间。360 公司的产品经理多数是"90后",他们不负众望推出了 360 智健、360 随身 Wi-Fi。360 智健这个产品从产生创意到产出成品,只用了 151 天。产品经理车向阳感慨:"'主动性''ownership（所有权）'是我在这 151 天里听得最多、体会最深的字眼。"

有的公司想尽一切办法提供秀自我的机会,比如年会上播放大家自制的自我成长的视频,还有一年一度的才艺大会、秀锻炼成果的专群等。

还有公司更为大胆,敢给员工冒险的机会。

我曾问过 PVH 集团（Philips-Van-Heusen）的一位员工,公司有什么地方是他最欣赏的,他说:"当有新的品牌要推广时,人人都可以毛遂自荐。领导不要求你在这个新品牌上先做出成绩,再给机会,领导是先给你机会,你再做出成绩。"这不正是企业家精神吗?

给员工舞台,公司给他公开背书,领导给他个人辅导。这是一个消除组织惰性的好做法。

意义,是"90后"的必需品,你用意义驱动他、褒奖他。你不用担心他不跑,或者跑得不快,你只需要说清楚"为什么往这边跑,而不是往那边跑"。当你们确定好一起跑的方向之后,在你提供的舞台上,他可能比你跑得更快更远。

他们超级自信，
很难协作

> 意见分歧，是一种很大的力量，我们应当学会驾驭并利用它。
>
> ——戴愫

会议上好一番唇枪舌剑。

"老客户市场的规模是小一些，但可靠、忠诚。"

这边话音刚落，那边不满意的声音马上响起："新客户市场当然潜力更大，我们资源有限，需要集中在新客户上。"

这边振振有词："老客户的销售周期很短，能节约成本，而且我的数据显示，老客户每宗购买量更大，平均一家老客户可以创造 10 万利润。而一家新客户只能创造 7 万利润。"

那边并没有被说服："不能仅仅看此时此刻的投资回报率，要从长远来看。"

他们一个个胸有成竹的样子。

"90 后"是超级自信的一代。他们想到就可以做到，大到转变职业赛道，小到买只轻奢包。他们不随大溜，未婚女青年们为自己的"单身力"而骄傲，主动选择活出自己一个人的最精彩的状态。

同时，"90 后"又是封闭型自恋的一代。海量的信息可能并没有让年轻人更有判断力，"90 后"的阅读和学习环境是数字回音室，他们的认知轨迹受到互联网的算法影响，是个性化的引导式。他们留在和自己一样、支持自己的人群中。我看到的都是我喜欢的，我不喜欢的我不会去看。这形成了封闭型自恋。

他们把这种"超级自信＋封闭型自恋"的状态带到职场之后，你会发现他们彼此的观点碰撞得噼里啪啦，谁也不服谁。

意见分歧并不可怕，没有冲突的组织可能是一潭死水。我们害怕的是，当源源不断的工作任务扑面而来时，大家放弃了思考。其实，意见分歧是一种很大的力量，我们应当学会驾驭并利用它，我们的任务是，把冲突变成建设性的冲突、能增值的冲突。

借用犹太人的 balagan 理论，balagan 这个词描述的是大大小小的紊乱，比如房间书桌上杂物堆得乱七八糟、日常交通的瘫堵、金融市场的波动。让人吃惊的是，在以色列这个高度重视教育、教育支出占国民总收入近十分之一的国家，他们在教育中也采用 balagan 理论，允许"另类"的思想和行为存在。

以色列的一年级课堂常常涌现出大量的质疑、谈判。老师总要努力地向学生解释自己的观点，哪怕是课外活动时间 15 分钟这样的小事，学生也会尝试谈判到 20 分钟。以色列创业家阿米·德罗尔[1]（Ami Dror）指出，表面上看，课堂讨论似乎混乱，实质上，这些孩子在内化信息，试图在自己的大脑中建立秩序。

为了协商得到自己想要的结果，每个人都从被动变成了主动。放在职场上，整齐的环境、统一的顺从，可能意味着无足轻重、敷衍躲避；混乱的空间、杂语喧哗，可能意味着极速交流、精益求精。这就是意见分歧的价值。

这一节我来告诉你怎样驾驭意见分歧这股活力，让组织获得新智慧。

1　阿米·德罗尔：立乐青少年编程公司创始人和首席执行官。

首先，我向你介绍罗宾圈法。它鼓励大家碰撞观点时，有建设性地、自觉地、健康地碰撞。这个方法和皮克斯动画工作室（Pixar Animation Studios）的 plussing 文化（附加文化）是一致的：如果指出问题，就要提供解决方案。

罗宾圈法，本质上是用批判性思维来循环观点。也就是，将批评抛给全组人，进行游戏化的击打。

假设，你组织一场讨论："怎样在公司食堂内开展光盘行动。"

如果有 6 位同事参加，你就找来 6 张空白 A4 纸，从上往下折成四折，最上面一栏写下问题："我们怎样在公司食堂内开展光盘行动。"

然后每人发一张，要求大家在五分钟内，在第二栏中写上自己的应对方法。

接着开始循环了。每个人都递给自己左边的那一位。拿到这张纸的人，在第三栏继续写，写什么呢？写下第二栏中那个方法存在的弊端。

5 分钟后，再循环，每个人都递给自己左边的那一位。拿到纸的人，在第四栏继续写，写上怎样克服第三栏当中的那个问题。

最后，每个人只需要分享这张纸的最下面一栏，也就是第四栏。大家轮流发言。

不管参加讨论的有几个人，罗宾圈循环的过程大概是 15 分钟，因为填写题目下面那三栏的时间是 3 个 5 分钟。

在刚刚那个例子中，15 分钟后，6 张纸就被写满了。

其中一张纸上，问题下面的第二栏，有人写的方法是："奖励光盘员工，在回收处发奖券或者将食堂的餐具改为小勺小碗。"第三栏，另一个人写的是这个方法的弊端："会造成回收处拥堵，用小勺舀会增加每个人的取餐时间，来回加饭菜也会造成拥堵和无序。"第四栏，是另一个人写的解决方法："分批就餐，并优化食堂内人流动线设计，馒头直接做成大小两个尺寸。"

再来看一张纸，第二栏写的方法是："让员工轮流参与后厨食物垃圾的处理过程，获得直观感受。"第三栏写的弊端是："员工没经验，会扰乱后厨工作流程，并且员工很难将集体行为和个人行为联系起来。"第四栏写的方法是："食堂定期发布后厨泔水量，并平均到人头，从餐饮补贴中扣费，形成压力。"

再来看一张纸，第二栏写的方法是："提供环保打包盒，让员工将剩饭剩菜带走。"第三栏写的弊端是："员工可能因此而剩得更多。"第四栏写的方法是："要求员工称重买走。"

我介绍的这个罗宾圈法，保证了每个人独立思考和独立判断。

注意事项：

第一，用罗宾圈法讨论时，前15分钟都是用"写"，之后，分享第四栏内容的时候，再用"说"。

第二，大家在写的时候，不需要像传统讨论那样，做过多解释。团队成员在拿到纸条的时候，对上一个人的智慧输出有不同方向的解读和发展，有时会向前迈一大步，超越普通的线性思维。

第三，纸的折叠部分不能提前打开，不要让他分神，让他专注于阅读上一个人提供的答案和自己此刻的思考。

以上就是罗宾圈法，一个实现从互"撕"到共创的集体思考工具。

在你的团队里可能还会出现一种情况，会议讨论到了尾声，大家还是意见不一。过去我们最常见的解决方案是投票表决。但是，你有没有遇到过这样的情形：大家的点子特别多，而每个人投票时的判断标准又不一样，这个时候的投票其实是没有意义的。

我们知道，罗伯特议事规则是程序正义优先于结果正义。可是当讨论产生了两派意见，如果仅仅按程序简单粗暴地来二选一，往往会导致其中一方的不服。

所以，我向你介绍合并优势清单法，启动集体智慧思考第三选择，带领大家在积极协同中，寻找第三条路径。

假设，你们公司引进了一套新的办公软件，IT 部门主张花两天时间，把同事们集中起来培训。销售部门认为他们根本抽不出时间，他们主张边使用边学习。

在双方都很强势的情况下，不适合投票。这时，你可以邀请双方分别列出自己的优势清单，也就是说，自己的主张会带来的好处，并按照权重排列好。然后把这两个清单上最靠前的那几项合并，看能否找出新的方法。

IT 部门列出了"两天集中培训"的优势清单，排在最前面的三项是：所有人同步学会（可以让公司在同一个时间点从老系统切换到新系统）、降低时间成本（以后出问题还要一个个单独解决）、提高大家对新系统的重视程度。

销售部也列出了他们的"边使用边学习"的优势清单，

排在最前面的三项是：能坚持原有的工作日程表（很多人日程表上有重要客户需要拜访）、可以有针对性地学习（销售部不是所有模块都要学习）、学习印象更深刻。

综合考虑两个清单的前三项，他们讨论出一个新方案：销售部派 5 位代表参加两天集训的第一天，IT 部会在第一天集中讲授和销售部相关的模块。5 位代表回到本部门，在截止日期前为销售同事做零散培训，同时 IT 部门集中提供两次 1 小时的线上技术支持。截止日那天，IT 部门将会把全公司的旧系统统一切换成新系统。

在组织过很多次讨论后，我有一个感触，成功的讨论总是充满积极的协同。美国著名管理学大师史蒂芬·柯维（Steven R. Covey）甚至明确指出，第三选择才是解决所有难题的关键。我记得他给过一个这样的例子，有一对夫妻在兴趣爱好上几乎就没有共同点，他们如何安排周末活动呢？

丈夫的优势清单：擅长体育、喜欢动手劳动、数学好，有商业头脑。

妻子的优势清单：喜欢舞蹈、戏剧、艺术、出身优越，对动手做没兴趣。

如果妻子选择自己去看歌剧，丈夫目不转睛盯着球赛，那他们会越来越形同陌路。但是，积极协同的夫妻总能找到第三选择：这位妻子带孩子加入了当地的社区剧院，那家剧院境况惨淡，丈夫很乐意帮忙动手搭布景，并用他的商业头脑发起筹募基金活动，很快成为剧场的托管人。全家人一到周末就围绕着剧院，各得其乐。他们的两个儿子，一个后来成为优秀演员，一个舞蹈跳得非常专业。

这就是合并优势清单法。使用这个方法时，我提醒你一个注意事项：

很多的讨论，往往无法寻找绝对一致，而是寻找最有可能达成一致的方案。所以达成了共识的会议，往往是大家都做出了一定程度的让步。所以在结束时，你不需要问大家："所有人都对这个结果满意吗？"多数情况下，在那一刻，不会所有人都100%满意。而你的结束语可以是："大家是否认同、这个结果是我们一起开动脑筋思考出来的，它来之不易；你是否愿意去承担执行的责任？"

那么，我们怎样看待投票呢？投票是可以贯穿讨论始末的一个方法，但凡要从发散到收拢的时候，都可以考虑投票。但是，不能把它作为唯一的工具，但它可以成为激励思考的工具，产生一致行动的助推器。

罗宾圈法让大家健康地辩论，合并优势清单法能让一次讨论漂亮地收尾。

最后，我们回到领导做决策这个环节上来，有没有一种方法，能把复杂而耗时的讨论，转变为指导行动的简洁优美的决定，并获得集体情绪上的认同？你可以借鉴网上书店Amazon（亚马逊）的创始人杰夫·贝佐斯（Jeff Bezos）的"领导果断决策，并附带承诺"的方法。

当杰夫·贝佐斯的团队成员无法达成一致意见时，他把自己的观点明明白白地表达出来，然后做决策，同时他说："尽管意见有分歧，但是我相信我们可以成功，我希望它成为我们做过的最受关注的事情。"这个承诺，使大家简简单单地听从了他，而不是费力去说服他，否则整个决策过程会持续太久，并造成大家时间和情绪上的双重损耗。

用这个方法，亚马逊工作室的电视制作团队协同合作，为公司捧回了11个艾美奖、6个金球奖、3个奥斯卡奖。

大门敞开着，
但没人进来

> 信任，将包围着我们的复杂性和不确定性变为二元的可以
> 相信还是不可以相信。信任，是一个社会复杂性的简化机制。
>
> ——尼古拉斯·卢曼〔Niklas Luhmann〕 德国社会学家

你们公司受邀参加行业内的大型展会，你派出了几位工作热情高、形象好的下属，在展台前代表公司展示产品。

下午五点半，你过去巡场，结果鼻子差点气歪。其他展台人潮汹涌，你们公司的展台上空无一人。

你怒气冲冲地打电话责问那个带头的下属："展会还没有结束，你们人呢？你们为什么提前结束？知不知道我们的展位价格有多贵？这个损失你能承担吗？"

他就反问了你一句："你真正了解情况吗？"

第二天，他辞职了。

事后，你发现确实是自己不了解情况。当天发生了一个小事故，资料也发完了，你过去的那会儿，他们有的人在紧急处理事故，有的人回公司取资料去了。

你因此做了自我反省，觉得你和团队成员不仅在重要事情上沟通得不够，日常工作中也沟通得不够，你不是一个开放且知情的领导。于是你宣布，只要你在办公室，只要大门是敞开着的，任何人都可以进你的办公室找你聊。

大家反应平平，办公室的门就那样一直敞开着。

如果上面这类故事没有在你身上发生过，再看一下这些情景是否似曾相识：

大家在办公室里嘻嘻哈哈开玩笑，你一进来，空气突然安静；

你喊他们一起吃饭，他们总是这个有事，那个忙；

你一个人在前面走，大伙儿在你身后排开，就像大雁往南飞。

杰克·韦尔奇提出的无边界组织，并不是完全消除边界，因为垂直的等级边界和组织的内外边界，是无法真正消除的。他指的是消除边界之间的隔阂，让信息、想象力、创造力自由流动。在这种流动中，上级和下级成功建立起连接（bonding），这种连接是一切管理活动的基础。

人和人怎样能建立起连接呢？基本方式之一就是交谈。而我们发现，和年轻人交谈这件事情变得越来越难：

年轻人丢失了字斟句酌、精准表达的本领。过去的通信方式是手写信函，人们有足够的时间思考措辞。之后是键盘打字，现在是随时随地发语音和表情包、传视频。对于一句话怎样说出去更有力量且有温度，他们缺乏练习，于是这个本领退化了。

年轻人丢失了捕捉对方话语里隐藏的信息的本领。真正的交谈，是靠着隐去的信息来进展的。现在年轻人在交谈时不是看对方的脸，而是改看屏幕了。对方的微表情、沉默、语气转折中蕴藏的丰富含义，一并被忽略。

虽然难，但交谈这件事情我们必须得做，而且身为管理者，得主动做。

你敞开了办公室大门，是不是一定能保证他们愿意走进来，对你敞开心扉呢？当你正式地表达交谈意愿时，他们处在戒备状态，无法做到坦率。所以，和年轻人的互动更常发生在非正式的、随意的时刻。

在我的《微交谈》一书中，我鼓励大家用开口说一句话的习惯打开与他人连接的局面。不用多聊，从一句话开始。不要小看这一句话，它往往带来递增式的进步。

这一句话可能会引来巧妙的回应，轻轻拍背鼓励，微微点头示意，或愉悦地插科打诨。而这些细微而真实的瞬间，往往可以改变局势、重塑关系。其实，重要信息是在非正式渠道流通的，重要关系也是在非正式渠道结成的。

所以，你与其坐在办公室里等他们上门，不如参考美国前总统林肯（Abraham Lincoln）的方法，每周安排一小时四处走动一下。这个方法被现代管理学称作"走动式管理"（MBWA: management by wandering around）。通用电气公司的首席执行官杰夫·伊梅尔特（Jeffrey R. Immelt）把这个做法叫沉浸。销售出身的他习惯于长时间在外奔波，"我总对总部有些轻视"。后来他改了习惯，每个月专门花两天时间与国内的销售团队和客户促膝交谈。他将自己定位为公司最好的推销员。他告诫高管们，不要以为靠一次演讲就能得到所有人的支持。他会主动去敲下属的门："请让我再讲一遍。"

具体怎样用第一句话开始微交谈呢？

⊙ "我有个好消息让你今天高兴高兴。"

经常说这句话的上司能帮助团队形成全局视野。

我过去的上司就经常讲这句话，和他的微交谈为我带来过重要的收获。有一次，我在公司走廊里看到一位副总裁兴冲冲地走出办公室，通常情况下，我们也就是擦肩而过时彼此打声招呼。那天，他多说了一句："惇，我有个好消息让你今天高兴高兴。"

我停下脚步："啥好事？难怪您如此神采奕奕。"

他说："噢，很快你会看到很多你的中国同胞，国会山特批了我们的中国护士项目。"

太好了！那段时间我正烦心于办公室行政的琐碎，急需一个可以施展身手的好项目。他的这条刚刚出炉的信息，被我紧紧抓住了。我当天就去找了我的直属领导详细了解这个项目，并申请加入。

公司里的年轻人常常处在困局中："我不知道同事们在忙什么，也不知道公司下一步要做什么。"互联网让年轻人养成了迅速搜寻信息来解决困惑的习惯。在公司这个生态环境中，他们同样期待迅速获得信息，并期待信息直接产生价值。这一点，年报做不到，公司刊物做不到，邮件做不到，只有微交谈能做到。领导站得高、看得远，在领导的视角里，这盘大棋是什么样的下法，年轻人在其中能起到怎样的作用，请即时让他们知道。

⊙ "最近工作顺利吗？"

经常用这句话进行微交谈的上司，可以将问题扼杀在摇篮里。

没人愿意走进领导办公室，说："我搞砸了。"在事情变糟糕前，有无数次交谈、挽救的机会。大问题总是发端于小问题，当发生了小问题时，当天不一定碰巧有会议，也不值得专程去一趟你的办公室，更不值得发邮件问。其实解决问题的经验，有时只是轻轻一句话的提醒；解决问题的勇气，有时只需要短短一句话的鼓励。

有的公司用篇幅很长的工作指导 Word 文档来帮助员工，或给他们发打印出来的员工守则，这些努力收效甚微。因为困扰大家的是工作中遇到的那些大大小小的问题。相比实际解决问题，员工更在意的是，你是否专注倾听，你是否有尽力提供帮助的态度。

⊙ "有同事反馈……你有这样的感觉吗？""上次项目不顺利有什么别的原因吗？"

这种方式的微交谈能帮你获得真实的负面反馈，从而为组织"解毒"。

"有同事反馈我管理太严格，你有这样的感觉吗？""有同事反馈公司这次评级不公平，你有这样的感觉吗？""有同事反馈公司在人才发展上投入太少，你有这样的感觉吗？"

"今年你丢掉了这个大客户，有什么别的原因吗？""今年你的业绩不比去年了，有什么别的原因吗？"

你听到的回答可能是：

"领导，上次就是因为您批示太晚，我们没有争取到那个客户。这次的客户也等不了，我上周已经把资料发给您，正等着批示呢。"

"我不理解为什么公司这么做，身边同事也有怨言。"

"老实说，我觉得您认为达成这个数字肯定没问题，您太乐观了。"

"我觉得按照这个思路走下去，不会产生比去年更好的结果。"

"其实我一直没机会和您聊，那不是个好主意。"

有的管理者永远不知道员工对他们真实的看法。当然，员工不会直接批评领导，他们只会私下里偷偷谈论。但如果你主动提供了一个轻松的环境，他们可能会开诚布公。

基于微交谈的非正式反馈系统，赋予员工更大的权力。有领导了解到员工不愿晚上留在办公室里加班，真正的原因是大楼晚上不开空调系统，他第一时间为每个办公室购置了单独的空调机。有领导听说某员工的表姐是非 211 高校毕业的，想申请入职本公司，但公司只招 211 高校的毕业生，这位管理者觉得此规定很可笑，立刻取消了。

再平静的表面之下，也会有一些涌动的暗流。甚至团队里有可能出现刺头。刺头毫不犹豫地表达自己的不满，甚至制造、传播谣言和小道消息。当事情有些敏感时，你需要悄悄确认一下信息，并帮助大家过滤信息，清楚告知他们哪些信息是可靠的，尤其是当事情悬而未决时。

透明的管理利于打开心结、化解抱怨、解除警报。

◉ "你觉得怎样可以……"

这种高价聘请第三方机构进入公司做焦点访谈的活动，

领导自己就能做。

"你觉得可以怎样鼓舞士气？"

"你有什么提高业绩的好办法吗？"

如果你认为团队不够有工作热情，与其陷入苦恼，你不如大胆地直接问当中一位和你走得最近的团队成员："如果要找出大家从冷漠到热情的必要条件，你觉得是什么？"相信我，只要你够诚恳，他会畅所欲言的。

大卫·麦克斯菲尔德[1]（David Maxfield）调查发现，沉默导致人均 7500 美元的损失。接受他采访的 20% 的职场人士，因避免难堪的谈话而导致的损失达人均 5 万美元。开放而坦诚的交谈，能为公司创造巨大的收益。

成功的公司都在着力创造同事之间进行微交谈的环境。谷歌公司每周五下午有固定的幸福时光，被称作 TGIF（Thank God It's Friday）。大家带着对周末的期待，聚在大厅喝酒、享用茶点、聊天。拉里·佩奇，谢尔盖·布林等创始人再忙也会尽量到场，和员工近距离接触。前谷歌公司总工程师吴

1　大卫·麦克斯菲尔德：《纽约时报》畅销作者，研究公司业绩方面的著名社会科学家，他主导过企业培训和领导力开发的很多研究项目，研究成果已经被翻译成 28 种文字，传播到 26 个国家，并被财富 500 强中的 300 家公司应用。

军至今还对那些他品尝过的红葡萄酒、白葡萄酒、啤酒津津乐道。还有一家科技公司为了帮助新人迅速融入新环境，在他们的办公桌上放了饼干罐，然后在大厅贴出标有饼干罐位置的地图，鼓励大伙儿走动走动，聊一聊。

为了让你的交谈更有效，我来给你一些提示。

在一个让大家都能看见的地方交谈。当团队成员看到，你和下属交往的时间比和上级待在一起的时间更长，他们自然推断出，你的精力被用于支持下属，而不是讨好上级。

你要多创造一些"by the way"（顺便提一句）的时刻。

楼下有咖啡，去喝一杯；咖啡店旁边有林荫道，去散散步。你的员工是愿意去你办公室，正襟危坐，进行一次严肃的谈话，还是在公司楼下的花园里，向你提出一个困扰他多日的问题？交谈内容不限于公事。双方可以暂时甩掉职业面具，交交心，唠唠嗑，不用担心说了蠢话或说错话。

职场人士惜时如金，时间是稀缺资源，所以你尽量用微交谈让同一段时间里有双重收获。比如一边徒步一边聊，一边等咖啡一边聊，一边吃饭一边聊，一边打印资料一边聊。有的管理者设定了每个月和每个员工共同进餐一次的制度。

你的日常形象不要总是匆匆忙忙、眉头紧锁，员工很容易感知到,"大事不好""领导心情不好,还是少说几句吧"。**如果你步伐从容、笑容轻盈,他们更愿意和你好好聊。**

你的"听"要比"说"更多。参考苹果首席执行官蒂姆·库克(Tim Cook)的沉默对话法,让自己比平时多花几分钟来默默地倾听,先不做引导。如果过早引导,员工会猜测你的意图,说你想听的内容;如果不做引导,他们更有可能说出他们的真实想法。

公私间杂的 5 分钟微交谈,有时会引发 1 个小时的深入交谈。你可以学习大学教授,做一张接待时间表(office hour),贴在门上。**从你的日程表上,每周划出 2 小时,和员工做深入探讨。**

不要仅仅在有问题的时候才一对一交谈,否则你很容易只看到问题,没看到人。用微交谈在人和人之间建立真正的关注。

彼得·德鲁克说的"文化能把战略当早餐吃",我们都知道文化重要,而文化这个东西又没有办法像战略那样条理清晰、焦点明确。

管理者首先要建立信任的文化。没有信任基础,员工的点头只是表面上的顺从,不会有行动上的全力以赴。纵观古今，熟人社会里，一切运作基于人对人的信任。后来，人群扩大，信任不起作用了，于是开始建立健全的制度，用制度去约束。

中国人民大学教授刘松博指出，在公司实践中，人际信任被大大低估了。因为制度信任在人际信任之后出现，于是被误认为是历史的进步。管理者千万不可忽略人与人之间的信任。恒天然大中华区总裁朱晓静为管理者的工作排序，从优先级上，与员工交流永远排第一，其次是观察市场，最后才是拜访客户。因为"高效的市场调研和深入的客户洞察，都来自和一线员工的交流"。

信任不是一个虚无的幻想，信任的形成源于细节。人与人之间的一个小玩笑、一个小提醒、一句小鼓励，哪怕就是拍拍肩膀表示理解，也让人收获颇丰。如何建立人与人之间的信任文化呢？微交谈就是个解决方案。它像一个抓手，把在空中飘着很难落地的文化抓下来，它可以被设计、被实施。

我推他一下，
他走一步

> 如果单凭自己的翅膀，没有一只鸟儿会飞得很高。
>
> ——威廉·布莱克（William Blake） 英国浪漫主义诗人

他明天要参加项目竞标会，你让他今天过来汇报一下准备进展。结果他在你面前的演示磕磕绊绊。你心急火燎，列出改进建议，让他下午再来演示一遍。哪知下午这次更糟糕。你全力以赴地帮助他，可他越教越笨。

你实在受不了，连珠炮似的问题马上要脱口而出了："你怎么搞的，到现在都还没准备好？你上班时间都在干什么？你觉得这样像话吗？"

这些负面的、责备性的、封闭式的问题，于事无补。它们只会让两个人在这个坑里越陷越深。

怎样爬出来呢？我经常用的是埃里克森国际学院的创

始人玛丽莲·W. 阿特金森（Marilyn W. Atkinson）的那条开放式问题线。这条问题线能将对方的智慧、动机从 0 打开到 10，就像拧开了一个神奇的水龙头。

你拼命咽下口水，努力用平静的语调问他："离明天下午见客户还有 18 个小时。你觉得可能有哪些补救的方法？"

他歪着头想了想，说："我回去再练几次，进一步熟悉材料，另外，增加几个成功案例。"

你稍感欣慰，说："很好，还可能有什么方法？"

他又想想，说："嗯，明天可不可以找一个同事来协助我？"

你应和道："赞成。如果同事们明天都走不开，还有别的可能会有帮助的方法吗？"

他望着窗外，思忖片刻，说："我和一个客户私交很好，看他明天能否现场助力我？"

你对这个大胆的答案有些意外，但并不责备他，反而表扬："这对新客户来说，会很有说服力的。"

然后你继续问："时间不多了，我想问一下，你觉得现在最紧要的事情是什么？"

他说："第一步就是精简资料，熟悉资料，然后增加几个案例，同时联系同事或客户。"

你终于放心了："那抓紧时间吧，我相信你能搞定。"

他站起身准备离开前，你追问一句："你觉得怎样做能避免以后出现这样的措手不及？"

他一边推回椅子，一边说，"我错误地估计了这个新客户的需求类别，以为可以套用过去的方法，导致了这次准备不足。以后我需要精准识别每个不同的客户、不同的需求。"

你说："很棒哦，加油，等你的好消息。"

他给了你一个自信坚定的背影。

恭喜你，你完成了一次大师级别的深度交谈。授之以鱼不如授之以渔。如果想让他动脑，就不要替他思考，你只需为他营造一个思考的氛围。而这个思考的氛围是用下面这条开放式问题线营造的。

⊙ 发散——收敛——持续

先发散，尽可能多地收集他的想法；然后收敛，找出最重要的部分，列出行动步骤；最后持续，将这次思考的结果延续到未来。

在这条问题线上，你始终没有直接给答案，所有的答案，都是他自己想出来的。为了顺利展开这条问题线，你需要掌握以下几个关键点。

第一，为了发散，预设更多的可能性。

比如："你觉得现在可以尝试哪些方法？"

"哪些行动可以让你达到这个目标？"

"在解决这个问题的时候，我们可以走哪几条思路？"

第二，为了更多地发散，用"可能"带着他越过障碍进行思考，而不是说"一定会有效""一定会成功"。

比如："如果你有足够的资源，可能会奏效的方案有哪些？"

"如果你知道答案，那会是什么？"

"我这里可以给你什么支持？"

"对这个事情可能会有促进作用的是哪些要素？"

第三，为了聚焦，需要引导他在众多想法中做选择，根据问题的性质，用不同维度来选择。这次对话最重要的产出，不是笼统的观点，而是清晰的行动计划。

比如，如果是紧急的问题，聚焦的方式是"最迫切要做的是什么事情"。

如果是时间维度大的问题，聚焦的方式是"最重要的是什么"。

这样,谈话的结果不是创建一堆目标,而是激发出优先任务。

第四,为了让这次对话产生更多灵感,记得要问到持续效应。

比如:"有哪些做法,可以让你不断地加强解决这类问题的能力?"

"如果你未来会不断地遇到这种挑战,你怎样为自己减压?"

"对于你刚刚提出的那些方案,你可以怎样持续地实施它们?"

作为管理者,学会这条"发散——收敛——持续"的开放式问题线后,下一步就是寻找并创造"可辅导时刻"。

凯斯西储大学教授理查德·博亚特兹(Richard Boyatzis)提出过,"可辅导时刻"是领导帮助下属的最好机会,这些时刻是人们知道自己要"换挡"的时刻。比如:

接受了一个有挑战性的任务;

回顾一个刚结束的项目;

生日;

部门有重大改变；

执行任务中遇到困难；

和同事发生纠葛；

在一个高强度、长周期的项目中里程碑式的时刻。

在这样的时刻，员工有最强烈的意愿思考、尝试、改变。

我的观察是，很多管理者把绝佳的"可辅导时刻"白白浪费了。比如，年底做完绩效打分之后，就匆匆发奖金了，都不说为什么发。这一万块奖金，是因为他工作出色，还是给大家都发了，顺带给他发的？

"90后"很需要这样的"可辅导时刻"。他们有了问题，习惯上网搜索答案，搜索得越多，思考得越少。他们需要一位引领者帮助他们恢复思考能力，引导他向内寻找真正有意义的答案。

所以，现在的管理者，已经从过去的权威转而扮演引导者，或者教练的角色。当你发现他的思路有问题，忍住，忍住，忍住，咬住舌头，闭上嘴巴。伽利略说："你不能教给别人什么，你只能帮他发现他已经拥有的东西。"智慧只能从自己的内心中长出来。

你和下属之间，有过这样的时刻吗？在咱们继续探讨管理者的辅导能力之前，我想先问你三个问题：

每个人本身已经具备成功所需要的天赋和职业潜力，你信不信？

挡在每个人成功道路上的障碍不是外界的障碍，而是自己头脑中的对手，你信不信？

别人直接给的答案和指导，不管多么明智，也经常会遭到你的抵制，你信不信？

如果你的回答都是肯定的，那咱们继续下一步。如果你的回答是犹豫的，那么尝试把上面三个句子中的人换作你自己：

我本身已经具备成功所需要的天赋和职业潜力，对不对？

挡在我成功道路上的障碍不是外界的障碍，而是我自己头脑中的对手，对不对？

别人直接给的答案和指导，不管多么明智，也经常会遭到我的抵制，对不对？

这下都对的吧。

被誉为"现代催眠之父"的米尔顿·艾瑞克森（Dr.Milton Hyland Erickson）一次帮助逃跑的马回家的故事，让我深受启发。

有一天，他和弟弟妹妹在农场谷仓院里玩，跑来一匹迷途的马，这是一匹很高大漂亮的红马，它弯着脖子，开始在水槽边喝水。

弟弟妹妹们很不安，不知道如何对付这匹马。小米尔顿决定做一次冒险的尝试，带这匹马回家。可它的家在哪里呢？谁也不知道，这是一个不可能完成的任务啊。

只见米尔顿悄悄走过去，让大家吃惊的是，他不是走到马的前面去牵引，而是踩着水槽，轻轻爬上马背。他在马背上一动不动，耐心地等马喝完水，然后揪住马鬃，用膝盖顶了一下马，马跑动起来。米尔顿紧紧伏在马背上，任由马奔跑。到了岔路口，马迟疑了。米尔顿没有催促，等着它选择方向，等它选好了方向，米尔顿又用膝盖顶一下它，马儿自己飞奔起来。

四小时后，马儿回到他的家。马主人惊讶极了："你怎么知道它住在这儿？"

米尔顿回答："马自己知道，我只是帮他专注赶路。"

别试图控制那匹马。每个人都拥有足够解决问题的智慧，你不必告诉他怎么做，而是应该帮助他看到多种选择，然后自己选择。当你忍住了擅自插手的冲动，你就成功地保留了他对工作的支配感，保全了他的自尊。否则，你觉得自己在帮他，他觉得你在微管理。

好，现在你认同了"辅导优于指令"，你也学会了用开放式问题线去辅导员工。在实施的过程中，你可能会遇到两个难点。

第一个难点是，有的员工倍儿精，你在使用引导技术时，他的反应是："呵，想教我？没门儿！"

我也确实见过教练技术用得不好的管理者，他不停地问下属"还有呢，还有呢"，真的让人抓狂。

为了不让员工察觉到自己在被教练，你的方式要尽可能随意、非正式，更关键的是，记得用"说、问、说"三部曲，而不是连续发问。在你问出每一个问题的前后，都要有一些陈述来缓冲。这些陈述可以是自我袒露，也可以是鼓励、附和、回忆、扯闲篇、假设、开个无伤大雅的玩笑等。例如，"我觉得你已经找到解决方法了，是……对吗？细节我还不太清楚，能再和我解释一遍吗？"或者"有些人可能对定价这一块儿不大理解，你要怎样解释他们才能真正明白呢？"

比如你在指导一位销售专员："为了彰显咱们的专业

背景，我们需要给出客户他自己无法获得的信息，罗列出他想不到的选项，同时，信息一多起来，可能客户会更紧张、更困惑。你认为可以怎样做呢？"

他说："嗯，第一步是罗列选项，第二步是提供一个最优选项。"

你点点头："赞同，这一定会提高客户的购买便捷度。你能预测一下，客户在听到这个最优选项的时候，会问哪几个关键问题吗？"

这种发问的节奏就是合适的。

同时，为了不显得过度引导，你可以在旁边的白板上，图文并茂地做记录。

并且，你不需要每次都用一条完整的问题线去交谈，你只需要把问问题作为你的习惯即可。碎片化的、伪装起来的教练式提问，实践起来效果更好。

比如，寻回记忆式的提问："帮我回忆一下，上次我们开会确定的方案是什么？""这个客户的特点是什么？我记不大清楚了。"

或者，假装忙碌地提问："我上午有个电话会议，你先去想想，下午带着两个方法来找我，如果有难度，可以请教一下西蒙，他之前碰到过类似的困难。"

管理者应该是员工的教练，时长和方式要非常灵活。

第二个难点是，怎么引导，他都"茶壶里倒不出饺子"，怎么办？

引导技术是一个唤醒他的潜力、抽丝剥茧的过程，不能保证每次都有成果。我从这三方面来建议你吧：

第一，你和他的每次一对一谈话，聊什么，尽量由他来定话题，这样他更有积极思考的意愿。你可以说："你看最近有什么想和我沟通的，我下午3点到4点间很方便，等你哦。"

第二，在谈话过程中，直接指导和诱导询问的比例要根据他的能力来平衡。如果遇上经验少、层次低的员工，你用代入的方式来分享你的知识，比如："如果我是你，可能会考虑……""我刚入职场时也遇到过类似的挑战，当时我……"

第三，留出充足的时间，不能急于求成。否则，当他还没给出你要的答案时，你可能已经下了判断，还可能会急不可耐地中断他的思考过程。"我太忙了"也确实是很多领导回避这种谈话的理由。但是，它值得你花时间。

用共创式的谈话来督导工作，这对管理者来说，是一件难度高、但正确的事情。

话说回来，哪怕一次辅导谈话没有产出成果，它也能为你们建立情感连接。因为你相信，站在你面前的这个年轻人有思想、有智慧、有困惑、有失望。他不需要被拯救，只需要被引导。当他有困难时，你在那里，你知道，你理解，你关注，你引导。哪怕没有立刻产出方案，你的在场，就是很好的支持。

更重要的是，这样的谈话，能让你们珍惜彼此。你不需要再去找更合适的人选了，站在你面前的这个人就是解决这个问题最合适的人。

第 5 节

他给我来了个弹幕式离职，
好突然

> 员工离开公司不仅仅是因为钱。在排名上，金钱因素通常排第
> 四位或第五位。排在前三位或前四位的是开放式交流、对其所
> 做工作的认可、职业发展机会以及在工作中能发挥的作用。
>
> **——保罗·法尔科内**〔Paul Falcone〕 **美国人力资源专家**

"90 后"是跳槽的一代。他们见面问的不是"吃了吗？"
而是"换公司了吗？"

他们还喜欢"裸辞"。

"和这帮同事混在一起，没意思。"

"天天做这些重复的事情，浪费人生、浪费青春。"

"离家太远，通勤时间太长。"

有的理由很悲情：

"一线城市生活成本太高，我回家乡去。"

"我很拼了，但没得到我想要的，这家公司不值得我拼命。"

有的理由很"奇葩"：

"我爸妈让我辞职的，工作太忙没工夫找对象了。"

"食堂饭太难吃。"

"9 点前和 6 点后大楼居然停空调，受不了。"

"厕所太脏。"

"Wi-Fi 信号实在差。"

"我想去西藏住两个月，要攒钱，找了这份工作。现在钱攒够了。"

离职的方式也一个比一个叫人胆战心惊。

有的人一声不响，骤然消失在天地间。

有的人委托同事告知。

有的人还过河拆桥，带走一些不该带走的资讯。

有个主管更是惨遭当头一棒，他团队里八个人，过完年就只回来两个，简直是灾难性的损失。

美国作家伊丽莎白·库伯勒·罗斯（Elisabeth Kübler Ross）描述了人面对哀伤与灾难时内心会经历的五个阶段，被后人广泛流传为"哀伤的五个阶段"：否认——愤怒——

讨价还价——抑郁——接受。

如果你的团队里有人离职，你的心路历程大概是这样的：

否认："他怎么可能这么做呢？我对他那么好！""一定有什么误会吧？"

愤怒："他怎么可以背叛我？""太不像话了！"

讨价还价："把这项目做完了再走，怎么样？"

抑郁："辛辛苦苦培养的人，总归是要走的，这管理工作有什么意思。"

接受："行，既然我没办法改变他的决定，那好聚好散。"

这样的心理活动，不一定按特定顺序发生，你也不一定会经历当中的所有阶段，但至少会经历其中的两个阶段。你要成为一个抗挫能力强的管理者，就要尽快走到最后一个阶段。因为到达这个阶段后，有一些重要事情要做。

为了让你迅速地到达"接受"阶段，我们来分析一下"90后"的高离职率现象背后的原因。

从时代背景上看，历史学家尤瓦尔·赫拉利（Yuval Noah Harari）说得对："21世纪没有稳定这回事。如果你想要有稳定的身份、稳定的工作、稳定的价值观，那你就落伍了。"随着终身雇佣制的企业几近消失，员工和同一家公司绑在一起的时间将越来越短。

从人群特点来看，"90 后"看过世界，信奉 YOLO 哲学（you only live for once）。他们不仅在网上时刻观察这个世界，还在亲身体验这个世界。在拥有护照的中国人中，三分之二不满 36 岁。中国是全球最大的出境旅游市场。他们的购物习惯从"搜索式"变成了"种草式"。因为越来越知道自己想要什么，他们永远不放弃寻找新的"草"。所以，他们的离职不是叛逃。

了解过这两大原因，你应该更能接受下属的流动性。德勤会计师事务所（Deloitte Touche Tohmatsu Limited）对千禧一代和 Z 世代（1983—2002 年间出生）的人群做的最新调查显示：有选择的话，他们中近 50% 的人会在未来两年内辞职。

其实，真正地衡量领导力的一种方法，不是看整体队伍的流动性，而是看最优秀的人有没有走。最优秀的人，不是追逐金钱，而是追逐成就感。只要他们还在，你的组织就是一个健康的组织。

既然不知道他什么时候会离开，知道了也没有办法阻止他离开，那么，我们就接受吧。接受之后，请通过下面这三个步骤，帮助公司从员工的离职中获益。

第一步，用集体欢送化解双方的不安和防范。

组织大家聚一次，并送上欢送礼物，比如一张签名祝福卡，或者印有每个人卡通头像的茶水巾，或者用团队照片做的小视频。把过往的欢乐和成长沉淀在这份礼物中，这是一个有情有义的道别。离开没关系，再见时还是朋友。

第二步，努力寻找到他离职的真实原因。

只有极少数的人是因为"钱太少"而离开。毕竟，同行业同岗位的薪水标准在业界都是公开的。那么他离职的真实原因是什么呢？你可以问不同的人，包括他本人、和他玩得好的同事、公司里的人力资源经理。你还可以在不同的时间问，比如他离职的当下，如果当时去问太敏感，你可以等到他离职了一段时间以后去问。就像一个脓包，把它捅破，组织能更快地恢复元气。

比如，腾讯发现入职满 3 年的员工的离职原因是一线城市生活成本太高，于是在 2011 年，开启安居计划，为首次购房的员工提供免息贷款。

类似的还有星巴克，他们发现在中国员工的生活成本中房租占比很高，于是宣布额外给予中国区员工住房津贴，相当于员工租房金额的 50%。

第三步，和离职的这位下属，唠一次嗑。

没有人会推掉一个有意义、有回报的就业机会，尤其在经济下滑的今天。他把自己的黄金岁月、最好的时光留在了公司，他临走的时候，应该获得一次真诚的交谈。

在交谈中，你的身份不是上级，而是朋友。你们今后的情感连接，不是对公司的忠诚，而是彼此的友谊。

在交谈中，你主要表达三个意思。

欣赏：细数他的过人之处和他做出的成绩。你相信他在这家公司的经历，能助推他之后的成功。也许你会说："他并不擅长手头上的工作呀。"但你信不信，他很有可能在后来的岗位上表现出色。所以，从你对行业的全局视野出发，告诉他最适合发挥自己潜能的方向。注意，他的短板就不要提了。

羡慕：年轻人可以纵情挥霍岁月，可以在不断变化的世界中，寻找心之所属。这难道不值得你羡慕吗？

协助：分享你的行业资源，告诉他，不管你以后在哪家公司，你期待和他还有交集。所谓山不转水转，水不转人转，转来转去都转不出这个行业，这是一个小世界，你们彼此都是对方在这个行业里的长期人脉。

这样的交谈，能预防他的破坏性行为，并让他高高兴兴地做好工作交接，把他手头上的客户资源、职场经验，移交给下一位。

员工的突然离职，对公司来讲是一次失败。不过，如果我们处理得好，就可以从他的离职中获益。著名的湖畔大学，不讲成功经验，而是研究失败教训。据说马云计划等阿里巴巴犯错足够多的时候，写一本书，叫作《阿里巴巴的1001个错误》。

不要怕员工离职，有信心的公司会反守为攻，比如美捷步，他们甚至奖励提出辞职的员工，给他2000美元。为什么？他们用这个行为在向所有员工发出信息："我们的资源将集中在不仅仅为钱而留下的员工身上。"

员工有权保持灵活，不断接触新机会。同样，公司也有权保持灵活，不断接触新人才。因为公司的业务会变化，面临的挑战在变化，需要的人才自然也在变化。如果老员工对新工作没有兴趣，或无力胜任，果断分手对双方都有益处。公司不需要为了保持低流失率，而失去在商业世界里向上发展的机会。员工也不需要为了忠诚，而失去自身职业发展的机会。

第 6 节

我给他空间，
他却钻空子

> 管理"3%"会降低其余"97%"的工作投入度，从而大量
> 增加公司的隐形成本。
>
> ——布莱恩·M. 卡内〔Brian M. Carney〕
> 艾萨克·盖茨〔Isaac Getz〕

管理讲规则。为了"方便管理"，你出台了一系列规则。比如禁止上班时间登录外网，上班时禁止打私人电话，请客户吃饭有严格的用餐标准等。

随着管理力度的加大，规则越定越多。员工开始视而不见，或者想办法钻空子，他们和规则玩起了捉迷藏。上班时间不用电脑上外网，用手机上外网；上班时间不打私人电话，发私人短信呗；这次的客餐超标了，分成两次报销嘛。

这些违规操作慢慢成了习惯动作。这时，规则显得很

愚蠢，也让遵守规则的人显得愚蠢。可怕的是，规则扼杀了士气。一个高绩效者常常因为规章制度受到限制，怕因为不遵守政策而惹上麻烦。

在访谈中，我发现，最让"90后"受不了的是冗长的上报机制、审批流程。"90后"注重即时，他们成长于一个即时的时代，哪怕相隔再远，也能做到即时连接。在工作中，他们难以忍受响应迟钝，一个即时的回话，哪怕是"不"，也比等待许久之后的"是"更爽快。

一家公司里例行公事的程序越多，越让人气馁。有的公司要求员工每周汇总上交与客户的所有互动过程的记录，或者详细解释每一次出差的每一笔花销。这些琐事耗时耗力，员工没有时间去做更重要的事情了。如果公司没有便捷的系统来记录员工的行为，光靠员工自己整理信息，非常低效，同时也不能保证信息的真实性。这种过分详尽的行为报告也让员工感觉受到了密切监控。

相反，有些公司的年轻人眼中闪着光地告诉我：

"领导让我自己直接在系统里提交报销表格的一瞬间，我有被信任感。"

"当领导给我那张信用卡，告诉我可以自己选择购买办公用品时，我被触动了。"

你给过员工这样的信任时刻吗？你信任他们吗？你彻底地信任他们吗？信任这个东西，正如《马太福音》中所说："凡有的，还要加给他叫他多余。"

那么我们该如何正确地制定规则呢？分以下三个步骤。

◉ **第一，摒弃过时的规则**

团队文化是一个生命体，它是发展的故事。于是必定有过时的规则。比如公司过去的规则是，大家要打卡上班。现在公司业务的地理范围大大扩展了，通信设备和平台升级了，打卡上班这条规则可能过时了。

时代变化得越快，就越讲究人治，因为所有的法治自带"滞后性"。美国前总统杰斐逊曾说："没有一个社会能够制定一部永久性的宪法，甚至一部永久的法律。地球始终属于活着的这一代人。"

在公司里也一样，不会存在永久性的规则。点融网创始人郭宇航认为："规则从诞生的那一天起，就开始过时了。"规则真的是能够解决一切问题的不二法门吗？规则随着环境的变化而变化。你要做的是掌握规则变化的节奏，不让它变得太快，以保持它的严肃性。

所以，人治的空间一直都在，并且环境变化越剧烈，这个空间越大。阿里巴巴有刷脸文化，只要目标是递交最佳工作成果，员工可以打破规章制度的局限性，解放自己的创造性。

⊙ 第二，制定尽可能少的规则

如果要有规则，那也是越少越好。

塞氏公司（Semco SA）是巴西最大的货船及食品加工设备制造商。他们有著名的三条法则：

第一条给员工：晚上7点前所有人必须离开办公室；

第二条给老板：给员工最大限度的自由和权力；

第三条给所有人：审视所有的规章制度，大把大把地扔掉它们——取消门卫例行检查；取消考勤制度；取消着装制度；不为高层保留车位，先来先停。

这家公司营业额在十年内从3000多万美元，跃升到2亿多美元。这个案例也成了七十六所商学院的教学案例。

通用电气公司的首席执行官玛丽·博拉（Mary Barra）将以前的10页着装要求改为仅仅4个字：正确着装。她认为，如果被雇来的员工连什么是正确着装都不清楚，那说明他根本不能胜任自己的岗位。在通用电气公司，员工休病假的天数不做规定，这反而能让员工没有压力地尽快好转。

按照葛兰素史克公司（Glaxo Smith Kline）高管的建议，每增加一条企业新规，就必须删掉两条旧的，否则规则越积越多，越来越官僚。

如果你担心规则太少，公司会变得混乱。戈尔公司（W. L. Gore & Associates）一直追求建立自由企业，他们认为真正起效果的是自律，而不是他律。为了防止混乱，他们只约定"水线"原则。如果某项决定重要到会有"沉船"危险，员工则需要咨询领导或专家同事，比如涉及大笔财政支出，或安抚 VIP 客户。

类似的还有阿拉斯加航空，他们分析公司业绩下滑的原因是官僚作风让员工束手束脚，从 2014 年到 2015 年，他们找回了一线员工自主裁决的文化，与此同时，公司设立了自主裁决的边界。比如，是否可以因一位乘客返回航站楼寻找遗落物品而推迟起飞，这由一线员工决定。不过，是否可以为其他乘客提供延误补偿，这由公司决定。

◎ 第三，出台规则前先达成共识

请检查一下，你们公司的规则是不是在已经取得了所有人的共识之后再颁布的？

美国宪法是一套很有价值的规则，它让美国崛起，成为一个超级大国。有些国家渴望将这套宪法移植过去使用，比如利比里亚、菲律宾，但都不成功。所以清华大学法学院的刘晗老师说："一套好规则的本质，不是那些制度设计本身，而是最最核心的那一点共识。"

新加坡是一个有着30%外国人口的国家，近年来，政府发现新一代的公民不再盲从，大家质疑和绕开规则的现象有增多趋势，于是新加坡政府机关公共服务部（Public Service Division）比以往任何时候都更重视共识，政府不再单纯传达政策，而是尽可能地与100多个政府机构代表一起制定政策，组织焦点小组寻求来自不同背景的人的反馈。

作为公司的大领导，尤其需要慎言。脸书的首席运营官雪莉·桑德伯格（Sheryl Sandberg）很不喜欢开会时用PPT，她希望大家有更多互动讨论。有一次，她听完一个超长的PPT演示后，终于受不了了，说"No PowerPoint presentations，ever"（不要再用 PPT 演示文稿了），结果大家解读为公司上下都不能用 PPT，包括在客户拜访中也都禁用了，这造成了员工敢怒不敢言。她发现后，马上做了道歉和澄清，说明这只是她个人的倾向。

规则制定好之后，你还需要给大家一些打破规则的空间。在以下两种情况下违反规则不应受到惩罚，反而应该受到鼓励。

一、打破规则的成本，低于遵守规则会付出的潜在成本。

VIP 客户上门赴约见老板，可老板迟到了三十分钟，客户不太爽，秘书当即到楼下买了个巧克力礼盒，在客户离开时送给他。秘书并没有按照流程先获得预算再去购买，她这个行为受到公司的鼓励，进而成为常规做法。有重要客人到访时，秘书备好精美的糕点，让客人等待的时候好受点。客人临走时，秘书还会把糕点包好送给他。

一个工人发现食堂一侧有一条电线露出墙缝，食堂地面很可能有水渍，引发漏电。他第一时间找电工紧急维修，不巧当天是假日，他们的合作商休假。这位工人私自决定用双倍的价格从另一家供应商找来电工，解决了这个问题。

记得我有一次去腾讯讲课，通行证出了问题，我进不了大楼。情急之下，接待人员破例帮我办理了一张临时员工证，他快速有效的反应让我顺利到达教室，按时开课。

你看，当我们取消不必要的流程和政策后，可以节约很多内耗成本。每个人的速度都比原来快了，大家做事情开始真正用脑子了。相反，繁文缛节让员工感到不安，让他们更不安的是公司质疑他们的诚实。结果，你需要重新和他们建立信任，这种花在信任建设上的成本，虽难以量化，但足以让你和他心中的理想老板拉开一大段差距。

二、打破 B 规则，是为了更重要的 A 规则。

规则服务于公司的文化价值观。有效的文化价值观是有顺序的，所以规则也有顺序。最高规则是引导大家做原点思考的规则。

梅奥医学中心（Mayo clinic）坚持"患者需求至上"。当对于该不该打破既有规则，梅奥医学中心前首席执行官雪莉·维斯（Shirley Weis）常问的一句话是："这样做，对患者好吗？"如果回答是"对"，那么规则可以破。

最后，我们重申，规则的制定永远是为了被遵守的，而不是为了被打破的。当你发现有个别不自觉的员工钻制度的空子、不守规则时，请严厉地惩罚，借此机会，清除"老鼠屎"。就像阿里巴巴的月饼门事件一样，当事人甚至丢了工作。但这些破坏规矩的人一定是少数，你不需要放大特例，进而出台更多更细的制度，这样你就掉入了规则的陷阱，这种做法被查帕拉尔钢铁公司（Chaparral Steel）的前首席执行官戈登·福沃德（Gordon Forward）描述为"只管理3%"。

你要相信那97%的员工，这和奈飞那句著名的话"我们只招成年人"不谋而合。不管是哪家公司、哪个团队，人群都呈正态分布，公司里心智健全的成年人占绝大多数。他们需要信任，需要空间，他们不应该受那些少数的不成熟者的牵连。3%的人不守规矩，这黑锅不应该由97%的人来背。好的管理是以信任为主，以监控为辅。公司的重心不是教导不应偷盗、不应迟到、不应撒谎，公司的重心是为成年人赋能。

这是一种乐观主义。乐观主义可以成为自我实现的预言，它是管理者手中的一张无法证实其神奇力量，但能对抗一切挫折和黑暗的王牌。

给他

CHAPTER 4

团队越来越忙，却日渐才思枯竭，力不从心；
公司的任何风吹草动，都让大家的焦虑蔓延；
新人总是无法尽快独当一面，老员工也无法
承担更大的责任，这些迹象表明，他们急需
"支持"，它包括技能上的支持和情感上的
支持。管理者弯下腰，融入他们，让他们一
回头就能获得辅导和反馈，管理者要挖掘集
体智慧，在同级间建立互相支持的体系，搭
好共享平台，让一切有价值的信息、经验、
知识流通起来。

支持

巩固团队凝聚力

"羞辱文化" out 了，
用"内疚文化"激发自我驱动

> 人们往往不是在觉悟之后去创办企业的，而成功创办一家
> 企业往往需要觉悟者，并且往往是社会学和心理学层面上
> 的觉悟者。
>
> ——包政 著名企业管理咨询专家

"70 后"的追求是："不要再过穷日子。""80 后"的追求是："争当第一。""70 后"和"80 后"见证了奋斗的力量，中国在这两代人的奋斗中，以不可思议的速度和规模在世界之林中崛起。这两代人保持着奋斗的惯性，继续积累财富。

中国的"90 后"以及美国的婴儿潮一代，被称作 Me Generation（我一代）。他们的追求是："做自己，对得起自己。"

"70 后"和"80 后"非常熟悉羞辱文化。羞辱文化是

靠制度来管理，遵守制度的人获得奖赏，违反制度的人受到惩罚。但是，羞辱文化在"90后"身上不起作用。羞辱和贬低是一对兄弟，"90后"信奉的是强者文化，强者岂能被贬低？

是时候用内疚文化取代羞辱文化了。内疚文化是靠人来管理，这个人不是其他人，就是他自己。

不是"被看不起"，而是"对不起自己"；没有达成目标时，不是千夫所指，而是自己认为是大污点。

要用内疚文化激励他自我驱动，管理者的工作就变成了：让他干自我实现的事，给他足够的支持和信任，并毫不犹豫地分他该得的那份酬劳。剩下的事情，你不挡路，不插手。

◉ 让他干自我实现的事

"每天我一进办公室，看见那一个个格子间、一张张背影，听见那一阵阵敲键盘声，我就胸闷。"

但同样是格子间，同样是敲键盘声，有的人却能产生追求卓越的冲动。表面看上去都是池塘，有的池塘里的鱼儿在自由游动、自由生长，而有的池塘里的鱼儿却只想跳上岸。

一定是有些公司做对了某些事情，让奋斗成了一个自然的结果。年轻人有"奋斗"精神，这不是公司的目标。公司的目标是：做对关键的事情，让奋斗成为一个自然的结果。

管理层首先要做的是：为他建立一个工作的内部系统，在这个内部系统里，他知道自己擅长哪些事情、哪些重要、哪些要坚持、哪些可以放弃。公司对他的各种要求仅限于外部系统。高成就的人，从来不靠外部系统驱动。

"干一行爱一行"这条建议早就从年轻人的字典里删掉了。为了释放生命的价值，这条建议的成本实在太高。我和平安集团合作时，发现他们的国际销售部的领导挂在嘴边的一句话是："告诉我你的优点。"他不断地鼓励年轻人找到并表达出自己的优势。他利用下属不同的特点，用优势，避弱势，帮助他们选择和服务不同的客户群。

西贝莜面村的董事长贾国龙被下属评价："在老板眼里，没有'能用什么样的人，不能用什么样的人'。发现一个人身上特别突出的一点，他会马上抓住，放大。当把你的长处推到巅峰时，那是他最喜悦的时刻。"

为什么一定要这样做呢？纽约大学神经学教授约瑟夫·勒杜（Joseph LeDoux）研究人的智慧增长方式后得出

结论："新增突触连接就像树枝上长出新芽，而不是长出新树枝。"也就是说，人对于自己强项区的知识学得最快。

所以，让员工在岗位上从事自己擅长的事情，他的成长速度是最快的。并且，员工之后的成长，也要紧紧围绕长板。

比如，职场上人人都会遇到沟通挑战，这种挑战没有唯一的解法。当他从大脑中神经元和突触连接最密集的区域，也就是自己的强项区或舒适区寻找解法，更容易产生心流，也能更快地成长。

也就是说，一个擅长创新的员工，他的学习计划可以围绕创新，学习如何用创新的思路找出沟通困境中的第三选择。一个擅长理性思维的员工，他的学习计划可以围绕推理说服、如何做谈判式沟通。

这就是让他干自我实现的事，围绕他的强项区和舒适区开展工作，并不断精进。

于是，优秀企业的招聘方式也变了，不再是：

部门内空出了职位，报到人力资源部，人力资源部定好薪资标准，发布招聘信息，组织笔试面试。过去招聘的目标是，找到一个能直接上岗的人，最好是之前做过一模一样工作的人。

而是：

随时随地都在招聘。还没有现成的空位，我先找来能用的人才，他身上的技能包可以重新组合，以用在不同的情境中。

这就是用人的新趋势。

◎ 让他成为一个有完整软技能的社会人，实现职业化

到底什么是职业化？它指的是熟谙那些普通人不懂的术语吗？或者，雷厉风行的办事节奏？或者，像写字楼里其他白领那样有精致的穿着打扮？

都不是。

职业化的另一个名字，就是社会化。

18 岁到 25 岁这个年龄段，是人生最困难的时期，它被称为"成年初显期"，也就是"正在形成的成年期"（Emerging adulthood）。这代年轻人的"成年初显期"来得更晚，持续得更久。因为他们在学校里待的时间更长，有些女性的结婚生育时间更迟，还有年轻人选择和父母住在一起。他们不停地推迟社会化的到来。

这便出现一个问题，年轻人走入职场不是因为他们准

备好了，而是因为他们从学校里"被毕业"了。

所以很多图方便的企业喜欢从友商那里挖掘人才，因为这样的人已经完成了职业化。但不管怎样，在初级职位上，仍然会涌进还未被职业化的应届毕业生。

公司怎样帮助年轻人实现职业化，变成社会人，顺利度过"成年初显期"而自信地迈入"成年期"呢？硬技能的培训实现不了，公司要更注重授予他们软技能。

很多短视的企业对新人的培训仅仅是教他在工作开始之前要掌握的劳动技能，而忽略了软技能。解决问题的能力，有效沟通的能力，收集信息、分析信息的能力、共情力，全盘思考的能力，这一切全是软技能。

软技能在他的整个职业生涯中会多次被用到；软技能可以迁移，也就是员工换岗的时候可以带走转移到别的岗位上去。在短期的业绩压力越来越大的环境下，能用这种长期主义来培养员工的公司，展现了难得的胸怀。在这样的公司里，当上级把压力传递给下级时，因为是在一个培育的环境里传递压力，压力就是动力。

一篇名为《培养软技能的汇报》[1]的文章指出：教授印度制衣工人时间管理、沟通技能的教育项目，获得了 250% 的回报。这个回报不仅体现在制衣工人的效率提升上，还对生产线上的其他工人产生了积极影响。

硬技能主要靠老员工教，软技能靠引进高质量的课程。西贝莜面村的董事长贾国龙经常用集体学习来构建组织能力。注意，是集体学习，不是高管学习再传授。如果是后者，时间一久，管理层和员工的认知落差会越来越大。为了让员工保持积极的学习热情，贾国龙从来不买大路货式的课程，他说："学习一定要高配，比如一级员工通常学一天 300 元的课，你给他报 3000 元一天的，他怎么能不学呢？"

说实话，他的话让我这样的企业培训师为之一振。

高质量的培训，整个过程充满乐趣。同样的课题，甚至是同样的课程大纲，因为培训师的演绎水平和控场能力不同，会上出完全不同的效果。不要为了省钱，去找平庸的课程。很多不必要的日常开支可以省，但不要在高质量

1　《培养软技能的汇报》：阿丘塔·阿德瓦留（Achyuta Adhvaryu），那姆拉塔·卡拉（Namrata Kala），阿南特·尼沙达姆（Anent Nyshadham）合著。

的培训上限制资源。这是一种价值成本权衡（trade-off）。其他成本可以做减法，培训成本不能做减法。

美国前总统哈里·S.杜鲁门（Harry S. Truman）说："只要你不计功利，就能做成任何一件事。"具体到职场上，你可以把现有生产力转变为发展潜力，并摆脱对过往经验的依赖，带着团队开创未来。

◉ 用超出预期的信任实现他的自我管理

内疚文化是让员工自己管理自己的文化。

我在和滴滴的管理者聊时，他分享了一条在他管理生涯中屡试不爽的方法："给的总比员工要的多。"当员工为了完成某个任务找你要资源时，你多给一点。他要90分资源，你给100分资源，他会付出200分的努力去保证实现目标。这多给出的资源，便成功地管理了你对他的期待，同时管理了他对自己的期待。

一家名叫"尊氏威尔香肠"的公司负责人拉尔夫·斯特耶曾在《哈佛商业评论》上撰文分享经验。他写道："责任不是给予的，人们必须盼望它，想要它甚至要求得到它。"他的公司利润一直很高，外界认为这是一家成功的公司，但他要让员工感受更好，焕发更多的活力。

于是他更大胆地放权：香肠制作者来代替领导品尝香肠，他们来负责质量控制，他们来改进产品及包装。角色也变了。"雇员""下属"成为组织的"成员"，"经理"成了"协调者"。

"人们总是请我为他们做决策，我不但不回答，还反过来向他们提问，让他们收回问题。"随着时间的推移，成员们得到了越来越多意料之外的决策权，这家企业越来越成功，在快乐中成功。

如果把任务给他，却不给资源和权力，他仍只是一个执行者，不是一个自治者。你在给出资源和权力的同时，也交出了一份责任。多给出的资源，实质上是多给的一份责任。这份责任会让他尽一切努力，使出所有智慧将工作办得漂亮，甚至催促领导、得罪领导也在所不惜。

浦发银行的人力资源经理告诉我，他们2019年有两个大动作。第一个动作是后备干部储备人才库全部只提名"90后"年轻人。他们从各部门被提名上来，经过跟岗、培训，半年后，通过考核，进入管理层。第二个动作是从应届毕业生中招 MA（Management Associate 储备干部），两年后这些

MA 成为管理骨干。公司还从未有过对年轻人如此大胆的信任和全权交托。

《海底捞你学不会》中描述的一幕，让我很有感触。2009 年，海底捞董事长张勇去北京大学给读工商管理的研究生上课，一个学生问："如果每个服务员都有免单权，会不会有人滥用权力给自己的亲戚朋友免单？"

张勇没有直接回答，而是反问他："如果我给了你这个权力，你会吗？"

全教室 200 多个学生，一片寂静。

没错，人性有善有恶，人心里住着一个魔鬼、一个天使。管理者要做的是，将天使释放出来。用彼得·德鲁克的话说："你不可能真正激发一个人，你只能给他一个理由，让他来激发自己。"

◉ 让他拿到足够的利益

如果没有分利，就不要谈分权。尤其对于工程师和产品经理一类的关键职位，薪资是干出成绩了再给，还是当个赌注先给，体现了企业是斤斤计较，还是相信这个人有无穷潜力。薪资，体现了企业对于员工价值的预期。

在分利方面，华为是典范。华为在大度地分享利益之后，才会对员工谈狼性文化。否则一群饿狼不会有任何狼性。

首先，确保所有员工基线报酬充足。

丹尼尔·平克这样定义基线报酬："代表基线报酬的是工资、劳务费、福利以及一些额外收入。如果一个人的基线报酬不足或者报酬分配不公，他的关注点就会放在所处环境的不公和对环境的焦虑上。"在这种情况下，什么激励手段都不起作用。

其次，厚待明星员工，按照他们给本公司带来的价值付薪。

按照奈飞的经验，不要总是参考薪资调研，那些调研用的都是滞后的数据。识别出明星员工，将高出市场平均水平的薪酬付给他，让他感觉到自己的个体价值被你认可。

奈飞的管理层相信："如果你有意招聘你能发现的最佳人选、给他们支付高薪水，你会发现，他们为业务增长带来的价值总是会大大超过他们的薪水。"

这一代年轻人不懒也不笨。福布斯做的调研，67%的千禧一代选择艰苦创业，13%的人选择攀爬职业阶梯。创业的那些人哪怕失败了，他们的智勇水平在这个过程中也会大幅提高。

激励这样一群不懒也不笨的年轻人，我们需要一套新的解释框架。用辩论高手黄执中老师的话说："要影响他人，最重要的不是提供信息，而是提供'解释框架'。"老的解释框架是："你达不到我们的期望，我们要向你问责。"新的解释框架是："一切都是你自己定的，你可以拿到一切你想要的，如果没有拿到，你怎样看自己呢？"

从强加指责的解释框架，转为诱导自省的解释框架，这就是内疚文化。内疚文化不是"让他不高兴"，而是"让他不好意思"。它比羞辱文化更难形成，但值得尝试。就像罗马皇帝马尔克·奥列里乌斯·安东尼·奥古斯都（Marcus Aurelius Antoninus Augustus）说的那样："沿着正确的道路缓慢前行，好过朝着错误的方向盲目疾走。"

游戏中高互动，
开会时低能量

> 由多种多样的问题解决者组成的小组，拥有不同的工具，
> 他们总是会优于清一色地由最好的、最聪明的问题解决者
> 组成的小组。
>
> ——斯科特·佩奇（Scott Page） **密歇根大学教授**

项目遇到瓶颈，你召集大家一起开动脑筋来应对困境，结果一个不小心，群英会变成了扯皮会。

你走进团队的例会当中，真诚地说："各位畅所欲言。"回应你的是一片静悄悄，或是几个捧场式的口是心非的发言。你对下属说："咱们一块儿商量团建怎么搞。"他们敷衍了一阵儿，私下里悄悄说："反正都是领导说了算。"

你与其抱怨下属开会时能量低，不如检测一下自己的领导力当中的一个很重要的指标——会议领导力是否达标。

首先，仔细分析一下大家没有动力参与会议是什么原因，你可以尝试从这两方面来寻找：

第一个原因，他们想，"这事儿我有发言权吗？最终还要过领导那一关哪"。所以，你需要明确他们的权力空间，消除他们对授权的困惑。怎么办呢？我给的应对方法是上下阶梯法。

第二个原因，他们觉得，"又来讨论了，这个问题都讨论 100 次了，烦不烦"。这个时候，你需要引导大家从新的视角来思考这个老问题。怎么办呢？我向你推荐"How might we（我们可以怎样）"提问法，让老问题有新思考。

这两个方法都是 IDEO 公司的开会工具。

下面咱们来具体讲讲。

◎ 上下阶梯法

这个方法能消除他们对授权的困惑，让他们知道，对于讨论的这事儿他们有发言权。

举个例子，你召集销售团队来开会，你给出的初始议题是"给出报价后，我们怎样能确保得到客户的回应"。请你先在大白板的中间写上初始议题，然后，往上画两级空白阶梯,这是why(为什么)的阶梯,引导大家说出这个议题的价值,也就是邀请大家连续回答两次 why。

"为什么要确保得到客户的回应呢？"——是为了"获得更大的成交量"。

"为什么要获得更大的成交量呢？"——是为了"让公司赢利"。

下一步,阶梯该往下走了。你在初始议题的下方,画两级空白阶梯,这是 how（怎么做）的阶梯,引导大家把议题拆分得更具体,也就是邀请大家连续回答两次 how。

"为了得到客户回应,我们要怎么做？"——我们可以"让客户觉得占了便宜"。

"为了让客户有占便宜的感觉,我们要怎么做？"——我们可以在价格不变的情况下,"给客户增加服务"。

阶梯画完了,一个议题变成了五级阶梯、五个议题。投票选出最佳议题,这就是从发散到收敛。选出的这个议题要得到在场领导的认可。

如果大家投票选出来的议题是"如何获得更大的成交量",那么马上和领导确认,员工是不是有自由报价的权力,如果有,这次讨论非常活跃。如果领导表示,大家没有自由报价的权力，那对本次讨论更有意义的话题可能是"如何让客户觉得占了便宜"。当然，在场的领导可能就是你本人。

你发现了吗？这个方法能帮你找出房间里的大象，也就是表象下隐藏的敏感要素，如果你要让一次讨论真正有效，大家就必须有机会说一说那些"不能讨论"的事儿，如果这个事儿没有明朗化，这次讨论也很难明朗化。

知道自己在什么范围内有发言权，这是放飞思想的前提，也能让大家真正在乎起来。成功的讨论都是在足够在乎的人群中产生的。

在上下阶梯法中，如果问题太宏大，很难让所有人同步，比如"如何让公司赢利"，这个和开会的销售团队相关度不大；如果问题太具体，可能会限制思考，比如，"如何给客户增加服务"这个议题可能会限制大家的思维。因为"让客户觉得占了便宜"有很多方法，除了给客户增加服务外，还有给客户选参照物，透露已成交的更高价等。

好，下面跟你说说使用上下阶梯法的注意事项。

第一，这个方法特别适合某个项目在进展中被卡住的时候。与其大家一窝蜂地发言，不如所有人往后退一步，评估一下此时要讨论的重要议题到底是什么。这个方法也很适合团队刚刚接到新任务时的热身讨论，它可以让所有人都在同一个频道上发力。

第二，哪怕是基层开会，也不要忽略往上走的那两级阶梯，向上的方向让大家觉得今天的讨论和一个更大的蓝图相连，于是产生思考的动力。

第三，从初始议题开始，可以向上、向下画出好几级不同的阶梯。最终选出来的也有可能是中间那个初始议题。

第四，请画出真正的阶梯，上有白云，下有道路。当有实物图时，人们更能时刻意识到他们是否在同一个层级讨论；而能边画图边组织讨论的人，看上去充满智慧的气息。

第五，你作为主持人，要相信这群人就是对的人。教你一句团队引导师在开会前的祈祷词："此时此刻在这里的这群人就是最适合讨论这个议题的团体，这个团体具备处理他们所面对的问题所需要的智慧，他们正在对的时机处理正确的问题。"

⊙ How might we 提问法

这个方法能让老问题有新思考。我想沿用英文的原文：how might we，意思是"我们可以怎样"。

第一个单词 how，"怎样"，我们来讨论手段和方法，不讨论别的。

第二个单词 might，"可以"，不是 will〔将要〕，也不是 should〔应该〕。这个 might，表示虚拟——不一定之后真的有办法。你不需要纠结"做得到还是做不到"，不需要急于查看自己的工具包里有什么，因为这个阶段我们只考虑 might，只提出问题，下一个阶段才考虑解决问题。这就是先发散、再收敛的严格分段。

第三个单词 we，"我们"，不是"我"。这是一次共创。

我们假设这样一个情境，因为团队的项目多次错过截止期限，你决定组织一次讨论。这个议题在团队内已经提出过很多次了，实在不是一个让人兴奋的议题。

这时，你可以启发大家在这个背景下，从不同角度重新提问，也就是在 how might we 后面填空，把句子补充完整。老问题是："我们怎样可以避免错过截止期限？"用 how might we 提问法收集回来的问题可能是"我们怎样可以在截止日期到来之前给每个人清晰的预警"；或者，"我们怎样可以做到提前递交"，或者，"我们怎样可以让延误交付日期的人深感愧疚"；或者，"我们怎样能完美地预测任务的难度"等。

接着，大家投票选出最值得讨论的问题。这又是从发散到收敛。通常被选出的问题，是让所有人都跃跃欲试，并有能力贡献智慧的那个。

再来个例子，背景是：大家反映办公空间不够用。用how might we 提问法收集上来的问题可能是："我们怎样可以在办公室里工作时发挥更高的工作效率"；或者，"我们怎样可以让公司的每一寸空间都得到最大化利用"；或者，"我们怎样可以在一屋多人的时候做到互不干扰"等。

不要小看这个方法。这个方法帮助了很多企业获得突破性成功。

比如，联合利华公司（Unilever）曾遇到一个困境：在印度没有市场基础 。他们将提问方式从"我们怎样可以在印度铺开零售网络"，变成了"我们怎样可以让当地妇女成为我们的推销员"，继而使在印度的销售额取得稳步上升。

当乐高受到电子产品的冲击的时候，他们将提问方式从"我们怎样可以重新赢回市场份额"，转变为 "我们怎样可以让游戏扮演它最本真的角色"。之后一切豁然开朗，他们通过从用户中收集到的数据，找出了四大主题角色：躲避雷达、等级排名、熟练精通、社交游戏。这些洞见切实地影响了乐高公司的转型。

独立咨询师托马斯·韦德尔－韦德斯伯格（Thomas Wedell-Wedellsborg）研究了 17 个国家的 91 家公私企业里 106 位高管后发现，85% 的人认为自己公司处理问题的能力不足，他们进而指出，最头疼的不是解决问题，而是找出问题在哪里。

在学术界，切换思路找到真正的问题也很重要。

麻省理工学院集体智慧中心（MIT center of collective intelligence）从研究"我们怎样可以让团队更聪明"，转换到研究"我们怎样可以让团队人员实现最佳搭配"。他们正着手开发一个测试团队智慧的工具，这个工具不仅可以用来做评估，更重要的是还可以让公司知道面对某个任务时，哪些聚合更有效。

在心理学领域，美国心理学家马丁·塞利格曼（Martin E.P. Seligman）从研究"我们怎样让精神病人痊愈"，转换到研究"我们怎样用科学的方法测量幸福、实现幸福"，他开始了积极心理学运动。

那么，使用这个方法有什么注意事项呢？

第一，如果你想重塑团队文化基因，营造提问的氛围，激发创新的思考和探索的勇气，这个方法尤其值得尝试。

第二，问题设置可以非常规，比如：在需要提高维修服务质量的背景下，提出的问题可以是"我们怎样可以制造出不需要维修的产品"，或"我们怎样可以让用户自己学会维修"。

第三，把可得性数据换成典型数据，才能问出好问题。比如讨论"如何提高出勤率"，不如研究"如何提高员工的幸福感"。出勤率是可得性数据，而幸福感是典型数据。

第四，把已有的结论拿掉，才能问出好问题。比如，"怎样将在老鼠身上试验成功的新药更快地改造，使其能用在人体上"，这里埋藏了一个结论：老鼠和人类之间有不可更改的巨大差异，用在老鼠身上成功，用在人类身上不一定。把这个结论扔掉，也许我们会这样问："怎样让接受新药测试的老鼠在基因上更接近人类？"

总结一下，上下阶梯法，让大家获得对议题的发言权；how might we 提问法，让大家获得对老议题崭新的思考角度。这两个方法为大家注入了参与会议的动力。没有动力，你哪怕强行指定大家发言，或苦口婆心恳求大家踊跃发言，都是徒劳。

最后，我想提醒一句，只在必要的时候开会，当大家意识到你决不浪费大家的时间，你只在必要的时候才开会时，他们在态度上也会更重视。以下是三种必要的时刻：

第一类，这件事情是没有人知道答案的，比如本公司下半年采取什么样的销售策略。这个话题有很大的不确定性，无法用线性思维来找答案，需要大家一起来思考。相反，简单的、可预测的、重复的任务直接用自动化和标准化的方式就解决了，不需要开会。

第二类，不见得有多难，但是维度多、很烦琐的问题，比如办公室搬迁的流程。这种问题需要将大家聚在一起，构建一个高度的共享情报系统。集合智慧在"高信息浓度、高频率互动"中产生。相反，简单的问题大家在走廊里碰个面就解决了。

第三类，众口难调，又要靠意愿才能执行下去的问题，比如怎样团建。

除了以上三种情况，其他情况一概不开会。有的公司甚至留出"零会议日"，帮助大家专注工作、深度思考。有一位外企的人力资源经理告诉我，他们每天都要进行跨时区会议，中美同事不得不牺牲睡眠时间、锻炼时间、和家人共处的时间来开会，大家整天不堪重负。后来他们制定了新政策，允许每人每周可以有一天不参加会议，大家的工作效率反而提高了。

他急着晚上"吃鸡"，
无心加班

> 一流公司拼的不是人才数量，而是用人方法。
>
> ——迈克尔·曼金斯（Michael C. Mankins）
>
> **贝恩咨询公司旧金山办事处合伙人**

"老板经常周五临下班时一声令下，周末全员都加班，工作三年，加班让我有了五年的工作经验。"一家互联网公司的年轻人边苦笑边摇头，他正在准备跳槽的简历。

"这年头生产制造业的企业没有不加班的，只有罗伯特·博世（有限公司）是异类了，这也是我最满意公司的一点。"博世的这位年轻人一边向我展示本企业最佳雇主奖牌，一边自豪地说。

在中国经济高速发展时期，我们曾在"80后"身上获取巨额的劳动力红利，他们一双双辛劳的手参与创造了经济繁荣的奇迹。如今这个时代已经过去，"90后"比"80后"少5400万人，"00后"比"90后"又少2800万人，"00后"的人数是"80后"人数的六成。人口红利带来生产力红利的时代已经过去。

随着劳动力大军的人口结构改变，面对"90后"，我们需要的不是那"一双手"，而是那个高速运转的"大脑"。"大脑"会比"双手"产生更多的红利，所以，我们必然会走上西方企业重视员工生活和工作平衡的道路。

迷思：只要给了加班费，加班便是合理的；只要他坐在办公室里，他就一定有产出。

在这个迷思里隐藏的假定是：给员工1.5倍的工资，他会有1.5倍的产出。提高员工的工作效率可不是一场数字游戏，大家都坐在办公室，你根本判断不出来谁在不动声色地偷懒，谁在卖力。现在大家的公事和私事，都是交错进行的，因为在手机上工作就等于24小时待命，没办法区分工作时间和下班时间。很多人发现，周末、年假的休息权，只是空谈。工作方式已经实现高度移动化。"不管有没有出现在办公室，我已经陷入疯狂工作的模式。""我太累了，已经达不到我的最好状态了。"

工作时长和生产力并不成正比。韩国的员工工作时间最长，但生产率最低，关键是工作的质量。

经济合作与发展组织（OECD）在 2018 年计算出的各国年平均工作时间里，发现员工工作时间最短的是德国、丹麦和挪威。德国人每周只工作 26 个小时，但仍创造出了强大的经济价值。时间少，注意力高度集中，创造力更高，结果是效率更高。

当一个人充满能量的时候，更容易想到高效输出的聪明办法。当一个人筋疲力尽的时候，更可能用笨方法。更可怕的是，人在筋疲力尽的时候，容易犯错误。和犯错带来的损失相比，用那些多出来的工作时间完成的工作量根本算不了什么。推崇加班的公司表面看上去似乎赚到了，其实整个公司的隐性成本更高。

所以，人的才智是取之不尽、用之不竭的资源。要把这个资源有效开发出来，不是靠多出来的工作时间，管理者需要做的是让他们享受到精神上的愉悦、组织氛围的友善。在这样的环境下，他自然会做出贡献。就像彼得·德鲁克说的，利润是做对了事情的结果，而不是追求的对象。

如果本团队为了完成任务不得不加班，怎么办呢？

有时我们真的会碰上工作量太大，员工不加班根本完成不了的情况。这时，加班有技巧，给你几条建议。

◉ 让员工对时间有全权掌控感

CD 咨询集团（CD Consulting Group）的创始人、总裁康斯坦斯·迪里克斯（Constance Drix）指出："持续高压、不给人任何掌控感的环境会导致职业疲劳。"所以，工作量大不直接导致职业疲劳，而没有掌控感会导致一个人职业疲劳。这种疲劳带来的糟糕的后果是，本是热爱的工作，变成憎恶的负担。

那么，我们把掌控感还给他。

有些公司早已意识到网络让员工全天候工作，即使员工在休假时也一样，于是这些公司不但不强行要求员工加班，还开始推行无限制休假。劳动力管理解决方案商克罗诺思（Kronos）在 2016 年推出这个新政策时，就开始追踪数字，看大家是否休更多的假了。他们发现，员工的平均休假天数从 14 天，变成 16.6 天。差别并不大。关键的是，公司收获了令人振奋的小故事，是同事们实现梦想的故事。有人骑摩托车穿越 48 州，还能神奇地全程协助顾客；有人参加女儿的巡回演出，同时完成了工作。实施这个制度的那一年，是员工表现最好的一年。

首席执行官说："我认为这并非巧合。快乐、认真投入工作的员工，会让公司获利更多。"他的结论是："据我所知，没有员工滥用这项政策，也没有顾客因此而受损。"

另外一种让员工拥有掌控感的方法是，让他有安静的、集中处理工作的时间。办公室里过多的协作常常给个人带来力不从心的感觉，这也是前段时间流行的开放式空间屡遭诟病的原因。界定安静时段与协作时段，这是哈佛商学院教授莱斯利·帕洛（Leslie Perlow）提出的解决方案。一家入围《财富》500强的软件公司里，工程师团队决定将每周二、四、五上午9点到中午时段设为安静时段，每个人独立完成自己的工作，其他时段为互相帮助解决问题的协作时段。帕洛教授发现，在安静时段，65%的工程师超水平发挥。3个月后，这个团队按时推出了激光打印机。

我的客户阿斯利康也有类似做法。他们规定核心办公时间为上午10点到下午4点，只有6个小时，其他时间员工自己安排。每周员工还可以选择1天在家工作。

◉ 领导的表率作用

你让他们加班，是为了让自己早些回家吗？以身作则，是体现领导力的第一原则。

2016 年，72 岁的任正非深夜在机场排队等出租车的照片传遍微博。之前他在机场摆渡车上形容憔悴的照片也被发了出来。没有助理，没有保镖，没有豪车。都说华为人工作艰苦，首先任正非自己就是一个信奉艰苦奋斗的领导。

如果你是勤奋的、有风范的领导，根本不用担心下属会偷懒。根据"领导力影子"效应，你的习惯、价值观、行为都会给周围的人带来巨大的影响。"影子"比"强迫"更有力。没有哪位领导会说："你们向我看齐。我怎么说话，你们就怎么说，我什么穿着，你们就什么穿着。"但你仔细观察，会发现，同一个组织里的人，会不由自主地模仿领导的说话方式和着装风格。如果领导办公室里的灯很晚熄灭，你一定会发现办公区里有更晚熄灭的灯。如果领导是只"早鸟"，你也一定会发现，有比他更早到达办公室的同事。

◉ 不强制加班，但可以增加加班的吸引力

58 集团的做法是，从下午 6 点下班开始，公司便有通勤班车开往地铁站，最晚到晚上 10 点。下午 6 点以后有加班餐，免费就餐，菜式极为丰富。9 点后下班可以报销打车费。工作

日工作时长超过 10 小时发放一张能量卡，周六日工作时长满 4 小时发放一张能量卡。注意，他们没有规定一定要加班哦。

或者，你在宣布要加班的糟糕消息时，别忘了宣布可以调休的好消息。另外，你可以点一单网红美食外卖，比如给他们一人一杯喜茶，或鼓励亲属探班儿，他们没准儿还会拍个照，以"敬业"的人设在朋友圈嘚瑟嘚瑟。大家一起 996，是兑现承诺和培育团队精神的好机会。

◉ 尽一切努力帮助员工实现工作和生活的平衡

健康的公司不会为了不辜负工作，让员工牺牲自己的生活。而是回归人性，让员工拥有平衡的生活，成为一个身心健康、能量满格的工作者。

深圳韶音科技有限公司把锻炼身体作为年底绩效评估的一个重要指标。这就是把"人"放在首位，而不是"利润"。万科集团把管理层的奖金和员工的健康挂钩，员工的体能或健康不及格，管理层要扣 1% 的奖金，如果健康状况达标，会有奖励。

有的公司专门用假期来奖励员工，并且不提供其他选项。让员工充分享受自由时光，提升他的生活幸福感。

　　还有的公司用的是急救联盟法，组织几个同事轮流，即时回应，互相关照。比如，有人要去突然要去接孩子，或者家里有变故，他可以放心地离开岗位，因为有其他人会用最快的速度给出最敏捷的反应。

　　如果你能成功地帮助员工做到工作和生活的平衡，你就不仅仅是一位上司了，你和下属之间建立了一种更有情感色彩的连接。

　　不要掉入忙碌陷阱。蒂姆·克莱德（Tim Kreider）指出，闲暇时间对大脑不可或缺，就像身体离不开维生素，一旦缺失休闲，人们会遭受精神折磨，罹患精神上的软骨病。不期而遇的思路，灵光乍现的灵感迸发，是在大脑留白时。休闲不是罪。

　　当你发现团队成员越来越忙时，记得张望一下，你们团队有没有懒蚂蚁。每个团队都需要懒蚂蚁。团队里大部分蚂蚁很勤劳，寻找、搬运食物争先恐后，少数蚂蚁却东张西望不干活。但当食物来源断绝或蚁窝被破坏时，那些勤快的蚂蚁一筹莫展，而懒蚂蚁则挺身而出，带领众伙伴向它早已侦察到的新的食物源转移，这就是所谓的"懒蚂蚁效应"。"懒蚂蚁效应"能产生非线性的效益。

　　最后，用吉姆·柯林斯的那句话："如果你把对的人，也就是拥有创造良好绩效所需的能力与工作伦理的人，放在车上，你就根本不需要花时间密切监督。他们一定会把工作做好，无论要花多长时间。"那些强制要求员工加班的公司，需要把关注的焦点从延长工作时间，转移到"把对的人放在车上"。

第 4 节

他们的创造力
全用在了表情包上吗

> 我相信，地球上不仅居住着动物、植物、细菌和病毒，还居住着"创意"。创意是一种不具实体且能量充沛的生命体。创意没有实际的形体，但它拥有意识，也毫无疑问拥有意念。创意得以被表现的唯一途径是通过与另一位人类伙伴的合作。只有通过人类的努力，创意才得以脱离九霄，进入现实空间。
>
> **——伊丽莎白·吉尔伯特**〔Elizabeth Gilbert〕 **美国小说家**

你发现团队成员很努力，但就是没创意。

你期待一份独创性的解决方案，能从新的角度来攻克难题，可他们交出来的是呆板的模式化的方案。

你期待看到一篇新颖的营销文案，能震撼到读者，可他们写出来的文案无任何独特见解。

你在会上征集有意思的点子，但他们却并不投入，思考的溪流常常当场枯竭。

你听说过美国 IT 圈流行的编程马拉松[1]（hackathon）吗？他们居然可以聚集在一起 48 小时，用连续不断的头脑风暴，攻克一个问题。他们在这 48 小时里，是怎样让灵感在房间里碰撞起来的？

你的团队里既有新生力量，也有跨界人才，可他们身上的创意基因都跑哪里去了？

这是在从"精英创造"转为"共创智慧"的时代里，管理者面临的尴尬。企业遇到的问题越来越复杂，边界也越来越模糊，公司到了需要利用群体智慧来解决难题的时候了。同时，去精英化和去权威化的社会思潮，都在催促管理者学会发挥群体智慧，让每一个成员在团队里变得更聪明。

"90 后"是实现共创智慧的理想人群。信息时代赋予他们越来越多种类的认知工具，他们没有划一的成长路径，也没有一致的认知渠道。于是，"diversity"（多样性）这个词在描述"90 后"人群时被反复提起。善于挖掘群体创意

1　编程马拉松：hackathon 是一个合成词，由编程（hack）和马拉松（marathon）组成。

的公司，将最先享受到共创智慧这枚核弹的威力。就像《第五项修炼》这本书提到的："追本溯源，每个组织都是其成员思考与互动的产物。"

怎样提高群体的创造力，这是很具技术性的话题。借用斯坦福大学 StartX 创业孵化器创新领导总监奥利维娅·福克斯·卡巴恩（Olivia Fox Cabane）的比喻，创意就是突破性灵感，它像蝴蝶，美丽至极，飘忽不定。

不过不用担心，我们可以织起一张合适的网，去捕捉它们。换句话说，你的任务是给集体思考一个框架。这个框架首先能将内隐的一个个创意外显化，然后让它们在空中飘一会儿，碰撞一下，最后，去网住那些好创意，从而产出策略。

你先让点子涌现，再从中选择。我会借用创新顾问机构 LUMA 学院（LUMA Institute）的方法，教你怎样让点子涌现，以及怎样选择点子。千万别把这两个阶段混在一起，否则它们都发挥不出应有的作用。如果你认为自己之前主持的讨论太混乱、没效果，究其根本，很可能就是把这两个阶段混在一起了。

所以，成功的讨论有个原则：先发散，后收敛，严格分段。

其实，先发散再收敛这个方法你并不陌生。你听这一段对话：

"戴老师，周一上午 10 点您可以和客户进行电话会议吗？"

"不好意思，我那天有课呢。"

"那周二下午 4 点呢？"

"呀，我得去接小孩。"

……

再听这一段：

"戴老师，周一上午 9 点至 11 点或者周二下午 4 点至 6 点，您有时间进行电话会议吗？"

"周二下午 5 点至 6 点吧。"

你看，凡是涉及讨论，从发散到收敛，效率总是更高。

我们来看看怎样发散。

我向你介绍创意矩阵法，为这个集体注入一个思考的结构，提供创意的不同切入点，大家不仅灵感涌现，还能在这个结构中获得掌控感。

假设，你组织得到公司的产品团队来讨论"我们怎样可以生产出更多的以客户为导向的优质课程"。首先，你可以在大白板上画出一个矩阵，矩阵的上端是要解决的问题，把这个问题分维度列出来。于是，你在矩阵的上端写：
能力学院、视野学院、科学学院、商学院。

矩阵的左侧是各种有利条件，或各种资源，或解决问题的几个阶段，或几大重要表现值等。如果你决定将几个重要的表现值列入矩阵的左侧，那么你就可以写上："我是 ___"，这是客户的特征；"我正在努力 ___"，这是用户追求的结果；"但是 ___"，这是用户面临的问题；"因为 ___"，这一栏引导出用户更深层次的需求。

接着，邀请大家在这个矩阵的每个交叉项的空格中，贴上尽可能多的方案。

我经常用这个工具在跨文化沟通课上引导大家群策群力解决团队里的沟通问题。学员在矩阵的上端将团队遇到的跨文化沟通挑战分成了不同维度，比如："在多元文化团队里建立信任""防止自己产生文化偏见和被文化偏见""让当地和总部保持一致"等。矩阵的左侧是解决这些挑战的资源，也就是学员在课堂上学到的文化性格的四大维度：行为指南、沟通方式、时间观念、自我意识。

这个矩阵往往能让学员很兴奋，瞬间获得大量的点子。

最后举个例子，如果要讨论"正在影响我们产品市场的因素"，矩阵上端怎样设计呢？你可以将这个问题分成这几个维度来陈述：新趋势、不变的趋势、大事件。左侧则列出这个议题的表现值：人们的偏好、行业、标杆人物、政治环境。

接下来，咱们聊聊这个方法的注意事项。

第一，时间设为 10 ～ 15 分钟，赶在大家懈怠之前完成这个矩阵。不要等待太久以期待得出完美答案，用结构和时间来驾驭混乱。

第二，矩阵的上端和左侧最后一项，都可以写上"其他"。跨界团队最容易在"其他"上有突破性思考。

第三，要求每一个交叉格都要有纸条，越多越好。可以用不同颜色的便笺区分各组，进行比赛。这个阶段追求的是各路点子的爆炸，逻辑暂时处于待命状态。

第四，全程不说话，只是写纸条和贴纸条。寂静，让人更聪明；写，让人更勇敢。

第五，大家同时进行，避免"生产堵塞"。否则某人有了突破性想法，但因为别人在说，他不得不等，终于轮到他时，话题已经转移。

以上就是创意矩阵法，它能帮助我们在讨论认知多维的问题时，帮助协同大量的智力劳动，生产出多个选项以供继续探索。

接下来，我们看看怎样收敛。

向你推荐决策矩阵法。决策矩阵法能将一大堆的点子，从老结构整理到新结构中，从大结构圈定到小结构中，让好点子一步步跳出来，便于我们做出最后的选择。

具体做法是，你在白板上的最左侧，画纵轴表示"重要性"，由下往上，重要性逐渐增强；在白板的最下端，画横轴表示"困难度"，由左往右，困难度逐渐增强。

然后，你请大家将前一个阶段里爆发出来的各种点子，放在矩阵里排列。先垂直移动，排列它们的重要性，然后水平移动，排列它们的困难度。

接下来，你在纵轴和横轴所围成的这个空间里，画出一个十字，于是，点子被分布在了四个区域里，也就是，被放置在这个新结构当中，这是一个与决策相关的结构。

左上角的区域：很重要，并且容易做的，这是紧急任务。

左下角的区域：不太重要，但也容易做的，这是低垂的果实，立刻把它摘下再说。

右上角的区域：很重要，同时也很有难度，这是长期战略，越是大公司越会关注这个区域。

右下角的区域：不重要，同时也很难做的，这是白费力气的工作，直接放弃。

最后，聚焦到左上角紧急任务这个区域里。如果紧急任务的数量多，大家投票决定，先办哪个，后办哪个；或者将这些紧急任务派发下去，当场决定好负责人。你看，这就完成了从大结构聚焦到小结构的动作。

创意矩阵法就这样实现了集体讨论的拐角：从发散到收敛，从复杂到简单；从旧框架到新框架，从大框架到小框架。

使用这个方法有几个注意事项：

第一，困难度不仅仅指成本，还包括经验、设备、人才储备、权力范围、可控制性等。

第二，在比较中排序。

第三，记得先排重要性，再排困难度。这样大家更有创意，还有可能会在排列中进一步优化这些点子。点子之间可以融合，还可以衍生新的点子。所以，这个过程不是评判，而是再次挖掘集体智慧。

第四，派发紧急任务时，要规定时间框架，设置关键转向周期，也就是说，如果这个点子不成功，咱们要马上换方向。因为没有完美的决策，哪怕是一份咨询公司出具的、看上去无懈可击的、标准的商业企划案，也是建立在流沙上的，只需稍微改动一下某个假设或小数据，这个"大教堂"可能就轰然倒塌。更何况我们短时间讨论出来的结论更是如此。每一个结论都需要实践检验，需要更新。紧凑的时间能让大家集中火力，而不是犹豫不决。

你看出来了吗？平静的、秩序井然的讨论往往不是有效讨论。借用国际资深咨询师马文·维斯伯德（Marvin Weisbord）的比喻，一次成功的讨论，就像坐过山车的体验。首先，大家愿意坐上车开始这次探险，然后跌入混乱的深渊，大家学会接受混乱，在处理混乱、激发创意的过程中，释放出每个人的才干；过山车慢慢上升，升到希望的最高峰，此时，人们看着极有吸引力的蓝图很兴奋，充满干劲；然后，大家讨论在现实世界中应做的选择，承担起付诸行动的责任。

留出足够的时间来尝试用集体大脑思考吧。用正确的讨论框架点燃群体智慧，创造力的河流将永不干涸。

我要成为
一个会自我嘲讽的领导吗

> 这些实现跨越的公司的领袖从来不想成为不食人间烟火的
> 英雄。他们从不希望被当作十全十美的人，或不可接近的
> 偶像。他们是看似平凡却默默创造着不平凡业绩的人。
>
> ——吉姆·柯林斯（Jim Collins）

你注意到现在的饭圈文化了吗？

老一代追星，买专辑、看演唱会，是一场热血沸腾、心潮澎湃的暗恋。明星就是图腾。

现在的追星，是"老母亲养儿子"。他们为"儿子"买周边产品、租广告位做宣传、投票、做慈善、做公益等。带货明星和粉丝的互动语言是："来了就是一家人""一家人就是要整整齐齐"，这是多么毫无保留的分享。

饭圈，要的不是一个完美的偶像，而是一个和自己一

样不完美的明星，他们一起成长，成长中有陪伴，一起走向完美。

在职场上，"90后"要的也不是一个完美的公司，国际知名企业也不一定能吸引到一流人才。他们要的是一个有他参与、共同成长的公司。公司的品牌溢价越来越低，而领导者的个人魅力越来越重要。就像如今的网红带货，铁粉不是看品牌，而是看个人影响力。

什么是有魅力的领导？随着职场权力距离的不断缩短，"90后"观察领导的视角已经从仰视变成平视，领导魅力的标准在起变化。

"90后"不喜欢高高在上，他们喜欢自我嘲讽。怎样切换到他们的频道上，学会他们的语言呢？我给你几条建议。

◉ 用民主化的扁平渠道传递信息和知识

"90后"迷恋于"在场感"。旅行中、生活中、工作中，大家习惯分享那些被上传到朋友圈的重要时刻，彼此获得满满的在场感。在场感带来掌控感、成就感、安全感。

特朗普的推特治国，非常真实、直接，绕过了媒体的过滤。推特有 140 字的限制，所以他每次的推特信息，短且频次高，全国人民轻松获得在场感。

有的公司在每周五下午，通过直播管理层会议，和员工分享业务成果、运营挑战、战略规划方面的信息；腾讯公司有和高管的午餐直播；华为有新生社区，新人在上面留言，任正非有时还亲自回复。扁平的渠道，让信息流在往下的传递过程中，不会被扭曲。

有家公司的人力资源经理告诉我："公司年初定了战略，我们要实现 ABC，年中改为 BCD，为什么不做 A 了，为什么改做 D，公司没有解释，或者公司解释了，只是我不知道。更糟的是，大多数员工连什么是 ABC 或 BCD 都不知道。"其实公司高层掌握的信息（除了机密的财务或法务信息）能帮助员工为自己的工作任务做有效的排序。

当员工"听说"公司要重组架构，办公室里充满焦虑。当他们"听说"总裁要离职，感到很迷茫。没有足够的资讯，员工对公司的信任度会下降。

同样的，信息在一层层往上传递的过程中，被筛选过滤，由中间管事的人来决定哪些信息领导者应该了解，这会造成重要信息的丢失。我们要建立能穿透层级的扁平化平台，让管理层直接收到来自前线的信息，让高层知道下面在发生着什么。

有一位管理者有些懊恼地说："我后来才知道，原来办公室装修的空气质量问题，已经导致员工请假，甚至离职。而我的直接下属将这个信息汇报给我，是一个月以后的事了。"

民主的领导受欢迎。民主不仅体现在信息获取的民主化，还体现在知识共享的民主化。

不是明星员工独放异彩，而是大家互相学习；知识不再被据为己有，而是慷慨共享。比如平安大学的知鸟，沙多玛的快课，所有员工都可以上传自己的课程。平台有手机端、电脑端两个，手机端能便捷地支持图文、音频、视频。

公司花大成本打造的这个学习平台，实质上是一个共享经验数据库。知识产生在前线。不同问题，不同视角，会产生不同的解决方案。公司期待一线员工、新人、智能专家能做出和企业战略一致的大大小小的决策。当员工持续获得全面的动态变化的数据后，他们更容易判断出，某些结果和因素之间是具备相关性，还是具备因果性。

打造一个这样的学习型组织，比送某位高管去读工商管理研究生要有效得多。企业，从一个压榨员工价值的利益集团，变成企业和员工共同进化发展的生命体。

◎ 反馈节奏快，语言极度精练

直播、弹幕、网游时代，一切互动的特质都是"快、快、快"。

员工可能没有能力判断公司在行业里短期或长期的竞争力，但他们能根据这个系统的运作效率，获得直观体验，判断这家公司是作为还是不作为。信息流通速度越快，运作的效率越高，员工越有信心。

这是一个新趋势：人力分析团队已经不仅仅在采集员工个人相关数据，还在采集人和人之间的互动数据。社交网络中的关系分析学成为一门新学科，并为管理学所使用。

研究人员通过对美国一家大型合同研发公司的 1500 多个项目团队进行分析比较后发现，有两个社交变量和更高的绩效相关，一个是内部密度（Internal density），团队内大家连接紧密，就会有化学反应；另一个是外部联系人的范围（External range），这个范围说明了从外界获取情报的能力。他们发现，内部密度高、外部联系人范围广的团队，其工作效率远高于其他团队。

快节奏地互动、即时地回应和鼓励，能让员工的多巴胺不断分泌，进而产生上瘾的错觉。这是一种类似吸烟、喝酒、赌博上瘾的机制。

要做这种快节奏的互动，对于沟通语言的要求很高——极度精练。精练，指的是精确加简短。

首先是精确。

你给他布置任务，说："明天会来重要客人，你去准备午餐，丰盛一点。"他可能转身就去执行任务了，他没有足够的时间去"悟"你话语的内在含义。经常，活儿就干砸了。

那么，你在布置任务的时候，要把描述性语言切换成信息化语言。刚刚那段话你可以这样说："明天会来两位合作了十年的老客户，你去准备午餐吧，人均餐标 300 元至500 元。"

你问："你对这份工作满意吗？"

不如问："如果从 1 到 10 打分，能力和职位完全匹配是 10 分，你觉得可以给这份工作打多少分？"

如果他打了 7 分，你接着问："我们可以怎样做来提升你的职业体验呢？"

不如问："在未来的一个月、三个月、半年里，你最需要规划、支持、反馈的是哪些方面呢？"

这就是足够精确。另外，语言尽可能简短。工具的变更，让人们传递信息、接收信息、处理信息的方式越来越简短。

尼采从手写改用打字机创作后，文风变得简洁、紧凑。根据德国媒体研究者弗里德里希·基特勒（Friedrich A. Kittler）的观察："论据变成了警句，思想变成了双关语，华丽的修辞变成了电文体。"随着互联网这个工具的诞生，人们的阅读习惯从一句话一句话地读，变成了一段一段地看，现在干脆成了一屏幕一屏幕地扫。在口头沟通中，年轻人的思维活跃，他思考的速度远远快过你说话的速度，所以你需要做到：用最少的字，表达出最多的意思来。

◉ 求你了，可以好玩一点吗？

团队里通行的语言要独特有趣，才能被年轻人津津乐道。不要用过去陈旧的话语体系了，为相同的事物换一种方式，换一种说辞，一种更为生动的说辞。这样才会有回音。

旧的说法是"讲文明，懂礼貌"，到了腾讯，变成了"瑞雪文化"。瑞雪，洁白无污点。不在食堂里占座，不打扰午休的同事，高峰时不在电梯里逆行。

旧的说法是"换岗"或"内部应聘"，到了腾讯，变成了"活水计划"。取自朱熹的名句"问渠那得清如许，为有源头活水来"。

西贝莜面村的一位店长张冲，遇到调皮叛逆的年轻店员总是不坚守岗位时，会掏出对讲机："许文涛，许文涛，你在哪儿？下面插播一条通缉令，全场通缉许文涛，悬赏500万元。"

在张冲眼里，许文涛这样的年轻小伙儿看似吊儿郎当，其实很讲义气。他用风趣的语言给足他面子。四个月后，许文涛不仅成为西贝莜面村公益西桥店的 VIP 会员发展冠军，还获得了晋升。

"请客吃饭"这样的字眼被任正非换成"点兵、布阵、喝咖啡"。咖啡，变成了吸取宇宙能量的激励利器，既有档次，又有力量。

◉ 呆萌傻，加上一点点正能量，刚刚好

硬汉型的领导已经过时了，因为不够真实。真实的人，

既有面对大众时的阳光笑容，也有转身离去时那孤独的背影。

他们见过你的背影吗？他们知道你的脆弱故事吗？其实，无论机构多么扁平，等级始终存在。根据伦敦商学院教授约翰·亨特（John Hunt）的观察："两人相遇，便会立即显现等级差别。"你需要努力弱化这种横亘在大家心中的隐形的等级。

你敢和下属玩真心话大冒险吗？如果你怕和平时的形象反差太大，不如找个夏夜，聚在海边，点起篝火，放上音乐，和下属一起来玩这个游戏。

你和实习生一起去大排档吃夜宵，汗流浃背地撸串、喝啤酒，分享彼此的生活吗？

你敢用他们喜欢的方式做团建吗？由他们自己组织火锅族、狼人杀帮、美妆种草团、王者荣耀派，作为主管，后面三个你看不懂，你总可以扫码入第一个群吧。

你们能否彼此以绰号、花名相称？如果你怕员工有压力，用英文名相称也有同样的效果。

美国知名管理学家吉姆·柯林斯在长期研究考察 1435 家企业后发现，能将企业从优秀引向卓越的，都是第五级领导者，他们的身上融合了真诚的谦逊个性和强烈的专业意志力。

谦虚的领导非常擅长营造开诚布公的氛围。比如：

把长条形会议桌换成圆形桌，因为在长条形的会议桌上，大家很容易按级别入座；

当有下属在私下里提建议时，领导会说："明天我们就开会了，你在会上提吧"；

少做演讲式的宣讲会，以更多的即兴交流代替。

每次会议给提问环节留足时间，仔细询问员工的看法，认真作答，你就是值得信赖的领导者，如果你表现得很戒备，员工会更戒备。

如果大家没有提问的习惯，你可以试着学习这样几个例子：

开会时领导故意不到场，大家就都敢说真话了，然后将意见汇总给领导；

领导不在时，员工就会说自己真实的想法；

只要下属用事实说话，任何人都可以和领导 PK；

开会时经常让大家站在白板边，或墙边，对着白板或墙面讨论，而不是对着人；这种站位暗示，大家反对的是观点，不是人。

你肯定会担心，这样平民化的领导能镇得住下属吗？

真正的权威不是来自更高的头衔，或中心的位置，而是来自你的能力。你是否有过那些在能力上可以镇得住他的时刻？比如，在公众场合说话极具影响力，比如，跨部门调用资源，别人要不到的东西，你总能要到。

有位中国管理者手下是一群美国员工，他们年轻帅气，超级自信，英文也说得比中国管理者溜。那这位中国管理者是怎样镇住下属的呢？他说，他总能搞得定 VIP 大客户，那群"90 后"美国小孩儿极其佩服他。

这就是管理者吸引和笼络"90 后"的方法：融入他们，弱化身份，增强能力。真实一点点，生动一点点。

> 这些力量并非命运，而是轨迹。它们提供的并不是我们将去往何方的预测。只是告诉我们，在不远的将来，我们会向哪些方向前行。
>
> ——凯文·凯利（Kevin Kelly）

当我们谈论管理时，常常会提到业绩指标、盈利数字等，这些不带情感色彩的词如果重复次数太多，就会让人不寒而栗。

我见过的优秀管理者，动用最多的不是理性智慧，而是感性智慧。他们将自己从事的管理工作更多地看作一种情绪劳动。美国社会学家阿莉·拉塞尔·霍克希尔（Arlie Russell Hochschild）把"情绪劳动"定义为"管理自己的情感以创造一种公正可见的面部和肢体的表现"。

借用戏剧理论的说法，一切人类活动都是特定角色下的表演，而戏剧界两种基本的表演方式是欧式法和美式法。套用在"管理者"这个角色身上引发的"情绪劳动"这种表演，也分为欧式法和美式法。

欧式法，要求你由表及里，调节行为表达，关爱下属，直到内心产生真实的关爱；

美式法，要求你由里及表，在内心深处先认同年轻人，产生真实的关爱，从而指导行为。

不管是哪种理论，关键词都是——爱。代沟靠爱填平，生活和职场都如此。

不用肌肉力量，而是用爱的力量。究其根本，给他们"爱"，不是爱他们的某一个方面，而是把他们作为一个整体去爱，爱他们现在的样子。有了爱，当你下达任务、提出诉求时，你自然会站在他的角度：他需要以一个什么样的身份来切入到这项工作中，他是否拥有一个有"大脑"的"成年人"应有的自治权，你给他的支持是否让他拥有必胜的信念？

面对不按套路出牌的年轻人，如果你实在不知道如何管理，那就干脆抛开所有管理套路，用你懂的"爱"，去驱动他、成就他。

这是一种有智慧的爱。"爱养万物而不为主"，培养年轻人也是一样，不主宰他，而是激励他。

"用爱激励四部曲"——身份、权力、舞台、支持。

首先,给他一个体面的"身份";然后,为这个身份配上振奋人心的"权力",接着,搭建一个让他发光的"舞台";同时,让他一回头就能感受到你的"支持"。

每一个成功的人才培养案例,都是用这四部曲奏响的。

管理学中的爱,既是爱他人,也是爱自己。聪明的管理者懂得"治人不治,反其智",管理别人却管理不好,那就要反过来检讨自己是否够明智。于是他们在追求智慧中不断精进,如此也成就了自己。

学习管理,就是学习爱。

正如埃森哲(Accenture)大中华区总裁余进的感慨:"不要纠结于这个事他只给我完成了80%,是不是还能再多做点。反过来,管理者要对员工的职业和个人成长,发自内心地付出120%的关注和关爱,才能不断吸引、培养和留住人才。"

诚然,"90后"的差别很大,有踏实干练的,也有浮躁任性的。但是,差别更大的是带他们的那些管理者。有的管理者善于把发动机装在年轻人身上;有的管理者拿着发动机驱赶年轻人;更糟糕的是,有的管理者把年轻人身上本来有的那个发动机都给卸下来了。

　　优秀的管理者，永远在挖掘和使用年轻人的才能，而不是总在批评和淘汰年轻人。美国前国防部长唐纳德·亨利·拉姆斯菲尔德（Donald Henry Rumsfeld）曾说："你要带着你现有的军队，而不是你想有的或者你以后希望有的军队参加战争。"

　　我们目前拥有的军队，就是最好的军队。因为他们成长于这个不确定的时代，他们最能适应这个不确定的时代。当我们改变了看待"90后"的方式，我们所面对的"90后"也就改变了。

　　"90后"最能适应这个不确定的时代，表现在以下三方面。

"90后"擅长通过碰撞产生智慧

　　在这个时代，我们面对模糊的、意外的、复杂的问题，因果关系的深入推理和线性的思考常常不起作用。这个时代要求我们能迅速获得、实践、碰撞、迭代。谁擅长？"90后"。

　　20世纪90年代末，是互联网发展最为迅猛的时代，"90后"接触网络、使用网络、认可网络。他们对于互联网的知识和直觉，远远胜过"70后""80后"。比如，他们善于利用社交媒体来做网络动员，发动人群做调研、做测试，整个世界就是他们的客厅，虚拟空间就像是他们的真实世界。

他们能在信息爆炸的时代迅速摘取、提炼信息，过滤选项。他们习惯了在网络媒体上保持活跃性和实时性，他们无时无刻地在建模——吸纳海量即时的信息，以指导当下的行为。他们习惯一边看直播，一边评论互动。他们习惯在买东西前，先在网上和老用户互动求证。他们喜欢通过碰撞产生智慧。

这是一种扁平化的智慧，精明而实用。当我们遇到之前没有出现过的问题时，经验不起作用了，"90 后"可能会带着我们找到答案。

凯文·凯利指出："书籍曾擅长培养出深思的头脑，屏幕则鼓励更加功利性的思考。人们提出新理念，发现不为自己熟悉的事实之后，屏读会激起人们的反应，敦促他们去做些什么：人们可以研究术语；可以征询'屏友'的意见；可以查询其他观点；可以创建书签；可以与事物互动，或是发相关微博，而不只是坐在那里深思。"

"90 后"乐观且健康

首先，我们拥有全世界最乐观的年轻人。德勤会计师事务所曾调查过 10000 名千禧一代（1982—1995 年间

出生的人）和 2000 名 Z 世代（20 世纪 90 年代中叶至 2000
年后出生的新新人类），中国和印度 70% 的年轻人认为，
自己的幸福度比父辈的幸福度更高；但澳大利亚、英国、
美国、加拿大的年轻人普遍持相反态度。

原因很简单，中国和印度在这 20 年里经济猛速发展。
而欧美遭遇了大萧条以来最严重的经济衰退，之后有所
复苏，但步伐沉重而缓慢。

乐观的特质使得中国的"90 后"更擅长时间透视，
比如，他们更愿意投资未来。在自我增值这件事上，他
们很舍得花钱。过去一年来，"90 后"用花呗购买教育
类产品和服务的金额上涨了 87%。

其次，他们很健康，比如消费和储蓄习惯。都说"90
后"喜欢提前消费，但是据 2019 年 7 月 29 日中国新经
济研究院联合支付宝发布的首份《"90 后"攒钱报告》
显示，92% 的"90 后"每个月都会有结余，80% 的"90
后"会将结余进行理财；对比他们的余额宝和花呗则发现，
"90 后"每月在余额宝攒的钱，平均是其花呗账单的 4.5
倍。此外，"90 后"初次理财时间比父母早了 10 年。
随着这个时代中不确定因素的频繁出现，年轻人在支出
和储蓄方面反而比父母更加务实。

他们的健康还体现在工作和生活的平衡中。"90 后"

要的，都是我们年轻时想要的。只不过他们一直不懈地、大胆地、执着地要。

他们在工作中或者在闲暇中，孜孜不倦地实践着自己的梦想，有的在做脱口秀，有的在做爱彼迎，有的潜海去捞垃圾。别的不说，现在的年轻人就比我们当年更重视锻炼。

"70后""80后"的人生哲学是，先好好工作，再好好活着；他们的兴趣爱好大多是阅读、旅行。而"90后"呢，先好好活着，才能好好工作；他们的兴趣爱好可以扩大到电竞、鬼畜、二次元、手办。他们可不会将就着过这一生。

"90后"是天生的领导者

根据沃伦·本尼斯的理论，伟大的团队多数由年轻人组成，创造性的集体合作对中年人的吸引力较弱。所以迪士尼动画目前正在流失一些优秀的、有经验的中年动画家。

"90后"信奉的平等主义，其实就是"贤者居高位＋强者逻辑"。等级和年龄不重要，过去行之有效的方法也不重要，真正出成绩最重要。

他们不服从权威，甚至倒置了话语权，反过来在影响着权威。比如他们喜欢的冷萃咖啡、牛油果吐司、瘦身晚餐、喵星人，掀起了一轮又一轮新的商机。他们重体验、重性价比，不盲目追大牌，从而捧红了若干小众品牌和小众明星。

可见，如今影响已经不是从老一代传播到新一代了，而是反过来，新一代在影响老一代。"90后"是时代的产物，他们在推动时代向前走。

作为管理者，沿着旧地图，一定找不到新大陆。进入新纪元，把过去的管理方法直接复制到新生代上，是极度危险的。正如凯文·凯利指出的，在未来，我们所有人都会一次又一次地成为全力避免掉队的菜鸟。因为淘汰的循环正在加速，所有人都有一个永久的身份：菜鸟。这和你的年龄、经验、智慧，都没有关系。和年轻人的相处之道是一系列无尽地升级，管理方法迭代的速率正在加倍。

"迭代"这个词可能会让你望而生畏。其实，你不需要暴风骤雨，而是从今天开始，从微设计、微调整开始。因为从最微小处开始一项大工程是最容易的。想想看，今天可以做哪些很重要的小事情，比如和他好好聊聊，或者缩短审批流程中的某个环节，或者给他一个鼓励的眼神。

不要觉得一代不如一代，其实一代更比一代强，这

是被 "弗林效应"（The Flynn Effect）佐证过的。1983年新西兰奥塔哥大学荣誉教授詹姆斯·弗林（James R. Flynn）声称，他发现了一个重要的趋势：在过去半个世纪中所有发达国家年轻人的 IQ 指数都出现了持续增长，于是人们把智商测试的结果逐年向好的现象称作弗林效应。

所以，"90 后"是这个时代给我们的最好的礼物。闪开，让"90 后"来拯救世界。

图书在版编目（CIP）数据

不懂年轻人 你怎么带团队 / 戴愫著 . —— 北京：
北京联合出版公司 , 2020.10（2021.1 重印）
ISBN 978-7-5596-4543-2

Ⅰ . ①不… Ⅱ . ①戴… Ⅲ . ①组织管理学—通俗读物
Ⅳ . ① C936-49

中国版本图书馆 CIP 数据核字 (2020) 第 168773 号

不懂年轻人 你怎么带团队

作　　者：戴　愫
出 品 人：赵红仕
选题策划：北京磨铁图书有限公司
责任编辑：管　文
封面设计：沐希设计

———————————————————————————————

北京联合出版公司出版
（北京市西城区德外大街 83 号楼 9 层　　100088）
河北鹏润印刷有限公司　　新华书店经销
字数：122 千字　880 毫米 ×1230 毫米　1/32　印张 8
2020 年 10 月第 1 版　　2021 年 1 月第 2 次印刷
ISBN 978-7-5596-4543-2
定价：59.00 元

———————————————————————————————